地方自治の
軌跡と展望

「顔の見える道州制」の提言

NOBORU Hideki
昇 秀樹 著

第一法規

はしがき

　自治省（現総務省）の官僚から大学教授に転身して早11年が過ぎた。
　「ひとつの職業を10年やれば、その道のプロになれる」とは作家の椎名誠の言葉だが、「10年間の学者生活の中で、地方自治について考えたこと、今後の日本の地方自治の進むべき方向を博士論文としてまとめるように」と木下栄蔵学部長兼研究科長の助言を受けて本書の基となった「地方自治の意義と制度設計」を勤務先である名城大学都市情報学研究科（大学院博士課程）に提出したのが2005年10月。博士論文の審査手続と併行して、第一法規の編集部の方とも打ち合わせを続け、2006年4月、出版の運びとなった。（3月、博士号も授与された。）
　筆者が大学教授になった1995年は、地方分権推進法が成立し、地方分権推進委員会が発足した「地方分権元年」と呼んでもいいような年だった。その後の10年は(1)地方分権一括法による自治法の大改正、(2)市町村合併の進展と道州制の検討、(3)三位一体の地方税財政改革…と、50年、100年に1度あるかないかの地方行財政の大きな変革が平成の「第3の改革」の一環として進行中である。
　動きの中で動きそのものをとらえることは著しい困難を伴う。そこで本書では、時間軸、空間軸の幅を大きくとることにより、マクロの視点から20世紀末以降の日本の分権改革の意義と限界を描写するよう心がけた。すなわち、(1)日本の地方自治の歴史の中で、さらにはグローバルな分権改革の中で、現在の日本の地方分権改革がどのように位置づけられるのか、現状把握に努めるとともに、(2)今後どういう分権改革を進めていくべきなのか、について提言を試みた。これがどの程度成功したかどうかは読者の判定に委ねるしかないが、この種の試みが各分野の研究者によって行われることが改革の正確な認識、的確な改革への提言をなすためには必要不可欠と考える。でき得れば10年後、改革の全体像が見えはじめた頃に、この世紀をまたいでの改革の意味は何だったのか、本書の続編を書いてみたいものだと思う。

このつたない本をまとめるのにもたくさんの人々の手助けが必要だった。
　大学時代、地方自治の分野のおもしろさに目を開かせてくれたのは行政法ゼミの担当をしていただいた杉村敏正教授（当時）、芝池義一助教授（現京都大学大学院教授）と行政学の講義を担当されていた村松岐夫教授（現学習院大学教授）だった。
　自治省に入省し、地方自治の実務家として20年を過ごしたが、その間も委員をお願いしたり、個別に相談にのってくださったのは杉村、村松両教授と故高坂正堯教授（国際政治学）だった。学生時代だけではなく、ＯＢになってからも温かく助言、ご指導いただいた先生方には本当に頭が下がる。顧みて、大学教授の一端を汚しているわが身をふり返ると冷や汗が出る。今日、今からでも先生の御恩を教え子に還元せねば、と思う。自治省時代にはハードな実務をこなしながらも、「自治研究」等に論文を発表する先輩をみて、少しでも近づくべく意気込みだけは持ち続けるよう努力した。（意気込みだけで成果がなかなか出ないのは昔も今も変わらないが。）
　滋賀県知事をされていた武村正義（官房長官、大蔵大臣を経て、現徳島文理大学大学院教授）先輩や前つくば大学教授の加藤栄一先輩、現在つくば大学大学院教授の古川俊一先輩、現在は明治大学大学院教授をされている山下茂教授などはそうしたあこがれの先輩だった。嶋津昭元総務省事務次官（現市町村職員中央研修所長）は職場のかつての上司であり、自治省職員としての仕事の進め方、地方分権のあり方等について教えていただいた。私が大学に奉職してからも自治省（現総務省）の委員会にお誘いいただいたり、市町村職員中央研修所の講師に招いていただいたり、とお世話になり続けている。「大学教授になったからには博士号をとらなければ」と励ましていただいたのも嶋津先輩だった。
　村松岐夫教授の紹介で名城大学に新設された都市情報学部の教授となったのが1995年。同年から村松教授（現在は真渕勝京都大学大学院教授）が主催する「関西行政学研究会」に参加させていただき、「科学としての政治学、行政学」がいかなるものかを実感させていただいている。
　名古屋では、紙野健二名古屋大学法学研究科教授（行政法）が主催する

「行政判例研究会」のお仲間に加えていただき、行政法の世界の変化、改革をお教えいただいている。

東京では加藤栄一つくば大学名誉教授が主催するＰＡＬの会、地方自治国際センターが主催する海外地方自治研究会に参加させていただき、世界と日本の地方自治の比較を勉強させていただいている。

日本行政学会、日本公法学会、日本政治学会、日本法政学会、自治体学会などに参加すると、昔からの知り合いが近況とともに、新しい学問の動向を教えてくれる。

河野栄総務省大臣官房審議官、久保信保総務省選挙部長、吉田哲財務省大臣官房審議官あるいは政策研究大学院大学の横道清孝教授や井川博教授など自治省同期の面々は、気安く冗談を言いながら、地方自治を論じあえるありがたい存在だ。

名城大学の6番目の学部として誕生した都市情報学部は「都市問題を情報機器等を使って研究、教育する文理融合の学部、大学院」ということもあって筆者のような社会科学系の研究者だけではなく、多数の自然科学系の研究者が同じ建物の中で研究、教育を行っている。社会科学系の人にはない視点、考え方に触れることも多く、筆者の学問にも少なからぬ影響を与えているように思う。

そして、第一法規の吉岡伸一部長、担当の小川優子さん、宇野太郎さんには出版への手続、資料のチェック、校正等で大変お世話になった。お礼を申し上げる。

最後に家族のことに触れることをお許しいただきたい。行き詰まると癇癪をおこすわがままな筆者をなだめすかし、何とか完成までもってこられたのは、毎度のことながら妻・裕子、長女・香織、次女・奈緒子のアシストがあってのことだ。妻と2人の娘にこの本をささげたい。

　　2006年3月　都市情報学博士となった日に
　　　　　　　　　　　　　　　　　　岩倉市大地町の自宅にて
　　　　　　　　　　　　　　　　　　　　　　昇　秀樹

はしがき

序　章　本書の問いと研究方法 …………………………………… 1
　　1　「第3の改革」としての分権改革 ……………………………… 1
　　2　本書の問い ……………………………………………………… 2
　　3　研究の方法 ……………………………………………………… 6
　　4　本書の構成 ……………………………………………………… 7

第1部 ＜現状分析＞ 地方自治の意義と現状 ………… 11

第1章　地方自治が求められる普遍的な理由 ……………………… 13
　　1　政治行政の民主化を図る装置としての地方自治
　　　　──民主主義との関係── …………………………………… 13
　　　(1)　決定面（政治面）での民主化 …………………………… 13
　　　(2)　行政執行面での民主化 …………………………………… 14
　　　(3)　政治的教育・訓練の場 …………………………………… 14
　　2　民主主義の中で自由主義を守る装置としての地方自治
　　　　──自由主義との関係── …………………………………… 15
　　3　激変緩和、安定装置としての地方自治 …………………… 18
　　4　「政策の実験室」としての地方自治 ………………………… 20
　　5　行政の総合化、効率化を図るための装置としての地方自治
　　　　……………………………………………………………………… 23
　　6　きめ細かな行政サービス提供装置としての地方自治 ……… 25

第2章　日本で地方自治が求められる理由 ……………………… 29
　　1　人口大国・日本と地方分権 …………………………………… 29
　　2　空間大国・日本と地方分権 …………………………………… 32
　　3　経済大国（1970年代以降）と地方分権 …………………… 36

第3章　20世紀末、グローバルに分権改革が進められる理由 …43

1　20世紀末と18世紀末のアナロジー（類推）——近代資本主義の成立期とグローバル経済の展開期—— …………43
   (1)　「経済のグローバル化」が「国民国家の存在感を希薄化」させ、「地方政府の役割を再浮上」（分権化）させた ………44
   (2)　「近代資本主義」が「封建領主」を滅ぼし（近代国家の誕生）、「現代資本主義」が「近代国家」を希薄化させ、「分権化」を促す …………………………………44
2　「ＥＵ統合」と「補完性原理」——近代国家機能の上方と下方への分散—— …………………46
   (1)　グローバル化にいち早く対応した（せざるを得なかった）ヨーロッパ …………………46
   (2)　「中央政府による現金給付」から「地方政府による現物給付」へ——求められる福祉国家のセーフティネット機能の分権改革—— ……………48
3　ＮＰＭに倫理的基礎を与える「補完性原理」 ………49
   (1)　「補完性原理」と地方分権改革 …………49
   (2)　ＮＰＭ型改革と「補完性原理」の異同 …………50
   (3)　世界の動向を把握し、議論と実行を ……………51
4　地方自治が求められる３種類の理由を明確に意識して21世紀の地方自治の制度設計を ………………52

第4章　地方自治の座標軸
——日本の地方自治の歴史と世界の中での位置—— …55

1　極東極西の国、日本
   ——日本は世界文明の吹きだまり？—— ……………55
2　東西から地方制度を導入した日本 …………………57
3　ジャパン・アズ・ナンバー１？ ……………………63

4　世界の中での日本の地方自治 …………………………………63
　　　　(1)　地方政府（自治体）の権能 ………………………………64
　　　　(2)　地方政府（自治体）の固有財源と財政規模 ……………69
　　　5　モデルのない時代 ……………………………………………73

第5章　日本国憲法と地方自治 …………………………………………75
　　　1　沿革──明治憲法下との比較── …………………………75
　　　2　日本国憲法第8章の内容 ……………………………………76
　　　3　憲法の地方自治の規定の性質 ………………………………84
　　　4　憲法第8章の憲法上の位置づけ──憲法第8章「地方自治」
　　　　の規定は、日本国憲法の中で、どのような位置を占めている
　　　　か？── …………………………………………………………90
　　　5　20世紀末以降の日本における分権改革と学問の関係 ………93

第2部　＜提言＞　21世紀の地方自治 …………………………………95

第6章　市町村合併と21世紀の地方自治 ………………………………97
　　　1　市町村合併の背景 ……………………………………………97
　　　2　住民の活動範囲の拡大 ………………………………………98
　　　3　市町村の担当する仕事と合併との関係
　　　　──昭和の大合併をふり返る── ……………………………102
　　　4　「第3の改革」と市町村合併 ………………………………104
　　　5　合併は50年、100年持続可能なまちづくりを目指して ……112
　　　6　775兆円の政府債務を解決するためにも合併は必要 ………115
　　　7　合併が求められる理由と合併に反対する理由 ……………120
　　　8　構造改革の中での市町村合併の位置づけ …………………125
　　　9　官民あわせて競争力の回復を──サプライサイド政策の
　　　　一環としての市町村合併推進── ……………………………129

第7章 道州制と21世紀の地方自治 …………………………………133
   1 国民、企業等が自分の力を引き出すことのできる環境整備が政治・行政の最重要任務の１つ …………………………133
   2 見直しを求められる中央、地方の政府体系………………134
     (1) 国で、県で、経済界で、道州制の検討がはじまる………135
     (2) 市町村合併の進展と道州制………………………………135
     (3) 経済のグローバル化と道州制……………………………136
     (4) 財政危機への対処…………………………………………137
   3 市町村合併、府県の再編をグローバルな視点から見てみると
     ……………………………………………………………………138
     (1) 20世紀末と18世紀末とのアナロジー ……………………138
     (2) 経済成長の基盤づくり、環境づくりの仕事はＥＵという超国家機構に移行させつつあるヨーロッパ………………140
     (3) 国民生活にセーフティネット（安全網）を張る機能は地方政府、ＮＰＯ等に下方移譲……………………………140
     (4) 「ＥＵ地方自治憲章」と「補完性原理」
        ――福祉はディストリクト（市）で、雇用、地域経済はリージョン（州）で―― ……………………………141
     (5) ヨーロッパで、北米で、アジアで進行中のグローバル化にともなう政府機能の再編成……………………………141
   4 道州内分権の仕組み――「顔の見える道州制」の提言――…142
   5 道州制の効果…………………………………………………150

終 章 ……………………………………………………………………155
   1 本書のまとめと今後の課題…………………………………155
   2 謝辞……………………………………………………………159

参考文献………………………………………………………………163

序章　本書の問いと研究方法

1　「第3の改革」としての分権改革

　20世紀末から21世紀初頭にかけて、日本の政治、行政システムを大きく変える改革が進行中である。

　国民の権利、自由を権力の乱用から守るため、モンテスキューは政府の権力を立法、行政、司法の3機能に分割し、相互にチェックさせるべきだと説いた（三権分立の主張）が、20世紀末から21世紀初頭の日本では、立法、行政、司法すべての分野で改革が進行中である。

　すなわち、(1)選挙改革（中選挙区制から小選挙区比例代表制へ）、国会改革（党首討論の導入等）、マニフェスト型選挙の導入などの立法改革、(2)規制改革、中央省庁再編、公務員制度改革などの行政改革、(3)ロースクール（法務大学院）の創設、裁判員制の導入などの司法改革が一斉に展開中である。

　こうした世紀をまたいでの日本の変革は、明治維新、戦後改革に次ぐ「第3の改革」と呼ばれている。

　日本は、明治維新、戦後改革に匹敵する、局面によってはそれを上回る平成の「第3の改革」の真っ只中ということになる。

　明治維新、戦後改革が「右肩上がりの時代」の基調の中で行われた改革であるのに対し、平成の「第3の改革」は「右肩上がりの時代」が終焉し「右肩下がりの時代」がはじまろうとするときに、「右肩下がりの時代」「少子高齢社会」でも持続可能なシステムを構築することを目指して行われている。その意味では「第3の改革」は明治維新、戦後改革を上回る改革といってよいかもしれない。

　地方自治のあり方についても、(1)地方分権一括法の成立（1999年）と施行

(2000年)、(2)三位一体の地方税財政改革（2004～2006年）、(3)市町村合併の進展と道州制導入の検討と、50年、100年に1度あるかないかの大改革が進行中である。

2　本書の問い

こうした大改革が進行中の現在、原点に戻って、(1)なぜ中央政府（国）とは別に地方政府（地方自治体）が必要とされるのか、その意義を確認するとともに、(2)地方分権改革が20世紀末から21世紀にかけて行われているのはなぜなのか、さらに、(3)分権改革が日本だけではなくOECD加盟諸国（先進国）を中心に、欧米でもアジアでも世界各地で同時並行的に進められているのはなぜなのかを本書では明らかにしていきたい。

さらに、(4)日本という国にとって地方分権とは何も目新しい現象なのではなく、むしろ日本の長い歴史をふり返れば、「日本の本来の国の形」であることも明らかにしたい。

本書の特色の1つは地方自治、地方分権が必要な理由を、①普遍的（時間的、空間的に）な理由、②日本独自の理由、③20世紀末以降の欧米、日本、アジア等に共通する理由の3層に分類しているところに求められる。（第1章、第2章、第3章）

地方分権が求められる理由を分類することは、現在の分権改革を正確に認識するためにも、21世紀の地方自治を的確に制度設計するためにも必要となるからである。たとえば、日本で都道府県の再編、道州制を議論する際、①グローバル時代の競争の単位としての道州（20世紀末の欧米、アジア等に共通する理由）の必要性を理解すると同時に②人口大国、空間大国、経済大国としての日本の国土空間再編の問題（日本独自の理由）であることも理解することが必要だろう。

あるいは高福祉高負担で有名な北欧諸国は人口規模数百万人の人口小国であるという知見は、21世紀の日本の「国の形」を考えるとき、日本全体で高福祉高負担国家をつくるよりも、道州単位で高福祉高負担の州と中福祉中負

担の州を、多様に国民が選択可能な形で配置する方が妥当ではないかというような代替案が出てくることにもつながる。(第7章) 7割を超える国民負担率で高福祉を実現しているスウェーデンのような例は人口規模890万人という小さな政府であることが政治行政の透明性、国民・住民の政治参画を大規模国家より容易にしている可能性があるものと考えられるからである。

その上で、(5)役割、責任の重くなった自治体がその責務を果たすために求められていることは何なのかも検討していきたい。

地方自治の必要性については、先行研究では「民主主義の学校」としての地方自治の必要性、「垂直方向の権力分立(三権分立が水平方向への権力分立であるのに対して)」としての地方自治の必要性などが説かれる場合が多い。たとえば芦部信喜は「統治機構は民主主義と権力分立原理に基づいて組織されるが、それには、まず、地方の政治は住民の自治によるという原理が認められねばならない」、村松岐夫は「民主主義の浸透と大規模国家が、民主的国民国家の中の地方分権という理論的テーマをつくり出したのである。地方分権は、あまり気づかれていないが、権力分立のための重要な方法である」としている[1]。

しかし、これらの理由だけではなぜ、20世紀末以降欧米や日本、アジア等で地方分権改革が進められているかを説明することはできない。(**図表1**)

あらかじめ、この部分についての結論の一部を述べると、20世紀末以降の経済のグローバル化等にともない、近代国民国家の再編成が世界中で進行中であり、そのコロラリー(系)として地方分権改革が各国で進められ、日本においても近代国民国家の再編成、地方分権改革が進行中であると考える。(第3章)

その際、どのような形での分権改革、自治体の姿が国民、住民にとって望ましいのかを明らかにし、改革を評価、チェックする視点を明らかにするためにも(1)～(5)を検討することが必要だと考える。

なお、「地方政府」という言葉についてコメントしておこう。本書では「地方公共団体」という実定法上の用語とあわせて「地方政府」という言葉

図表1　地方自治が求められる理由（①普遍的な理由、②日本独自の理由、③20世紀末以降グローバルな分権改革の理由）とそれを記述している関連著作（憲法学、行政学、行政法関連著作）

区　分 （本書）	芦部信喜 憲法第3 版 2002	佐藤幸治 憲法第3 版 1995	村松岐夫 行政学教 科書 1999	西尾勝 行政学 新版 2001	塩野宏 行政法3 第2版 2001	原田尚彦 行政法第 4次改訂 版 2005
①（普遍的な理由）民主主義との関係	○	○	○	○	○	○
自由主義との関係（垂直方向の権力分立）	○	○	○	○	○	
激変緩和、安定装置としての機能						
「政策の実験室」としての機能						
行政の総合化、効率化を図る機能						
きめ細かなサービス提供装置としての機能						
②（日本で地方自治が求められる理由）人口大国と地方分権						
空間大国と地方分権						
経済大国（1970年代以降）と地方分権						
③（20世紀末グローバルに分権改革が進められる理由）近代国民国家の再編成と分権改革						○

記述をしている項目のところに○を付している。

を多用している。

その理由は第1に「英語の local government に対応する日本語として1番ふさわしく、自治体（self-government）というよりもむしろ中立的であってよい[2]」ということ。

第2に「筆者（村松岐夫）は、活動量の少ない分離型地方自治よりも、活動量の多い『政府』とよびうる自治体の方が市民の福祉を高めると考えているが、この気持が、地方政府の言葉を選択させた」という村松岐夫の主張に魅力を感じるからである[3]。

さらに第3に行政権だけではなく、立法権を持つ government として「地方（公共）団体」という言葉より「地方政府」の方が妥当なのではないか、中央政府（国）の下部機関としてのニュアンスを持つ「地方（公共）団体」という言葉より「地方政府」という言葉の方が現在の日本の自治体の実態をよく表していると思うからである。

第4に、本書においても国際比較を行うが——グローバル化の時代にあって、今後の研究はますます国際比較が必要になると考える——、国際比較を行う際の言葉としては local government に対応する言葉として「地方政府」の方が妥当性が高いと考える。

ただし、実定法上の日本語としては「地方公共団体」（日本国憲法第92条、地方自治法第1条等）という言葉が使用されている。なお、憲法第8章「地方自治」の英語表記では Local Self-Government という表記がなされており、英語表記に忠実ならば「地方（自治）政府」という言葉の方がより妥当だと思われる。

そこで本書では、憲法、地方自治法の解説など法律学的な観点からの議論をする場合には実定法上の用語として「地方公共団体」という言葉を多く用い、地方自治の実態的な側面、国際比較等を議論する場合には政治学者、行政学者等がよく使用する「地方政府」という言葉を多く用いたいと思う。

3　研究の方法

　学問の研究の方法は「観察と実験」により真理にアプローチすることにあるとされる[4,5]。

　しかし、自然現象を研究対象とする自然科学と異なり、人間の文化現象を研究対象とする社会科学においては、研究方法として「実験」という手法を使うことは原則として不可能である。

　そこで本書においても、主として「観察」という方法を用いることとする。

　「観察」の方法としては、(1)既存文献（先行研究）のリサーチ、(2)新聞、テレビなどマスメディアの報道調査、(3)インターネット情報の検索、(4)研究対象である自治体の首長、議員、職員、住民の方々からのヒヤリング、さらには(5)国（中央政府）の職員、議員、(6)外国の自治体、中央政府の職員等からのヒヤリング等の手法を用いることとしたい。

　その際、本書では行政学、政治学、法律学など複数の学問の成果を生かしつつ、地方自治の意義を確認し、その上で21世紀の地方自治の制度設計のあり方を論ずることとしたい。

　地方自治という総合的、包括的な研究対象の分野にあっては他の研究領域以上に学際的アプローチが求められていると考える。

　本書の1つの特色は、地方自治を研究対象としながら、行政学、政治学、法律学など複数の学問の研究方法と成果を生かしつつ、新しい地方自治像を示そうとしているところにある。

　たとえば憲法を憲法学の視点からのみ分析するのではなく、行政学、行政法学、政治学等の視点、方法もあわせ用いて分析し、21世紀の憲法解釈のあり方、憲法改正の方向を示しているのはその1つの例といえる。（第5章）

　地理学、歴史学等の知見を生かしながら、日本が歴史を通じて人口大国、空間大国であることを明らかにし、それゆえに歴史的に見ても日本の「国の形」は本来地方分権的（団体自治型）であったことを示すとともに、そのことが21世紀の地方自治の制度設計を考える際にも考慮されなければならない

ことを提言しているのもいま1つの例といえる。(第2章)

4　本書の構成

　本書は第1章から第5章が現状分析編であり、第6章、第7章が提言編という構成となっている。

　第1章では、普遍的な地方自治の存在意義を民主主義、自由主義等との関係から明らかにしている。

　具体的には「地方自治は民主主義の最良の学校」と評されるように、「政治・行政の民主化を図る装置としての地方自治」の機能があることをまず示し、次いで国民の自由を権力から守るための「垂直方向の権力分立装置（三権分立は水平方向での権力分立）としての地方自治」の機能を明らかにしている。

　さらに「激変緩和、安定装置としての地方自治」「政策の実験室としての地方自治」「行政の総合化、効率化を図るための装置としての地方自治」「きめ細かなサービス提供装置としての地方自治」としての地方自治の必要性を明らかにしている。

　一般的にいわれる民主主義との関係、きめ細かなサービス提供等にとどまることなく多様な観点から地方自治が求められる普遍的な理由をこのように6種類に整理し、一覧性を持たせたところに本書の特色の1つがある。

　いま1つ、「政策の実験室としての地方自治」の項目において、日本の場合は、地方政府が首長のリーダーシップをとりやすい大統領制をとっており（中央政府は慎重な意思決定型の議院内閣制をとっているのに対して）、この制度的要因が他国以上に先進施策を開発、展開する地方政府を生み出していることを明らかにしたところに本書の特色があるといえる。

　第2章では、まず日本が歴史を通じて人口大国、空間大国であること（日本の人口1億2,800万人は世界約200の国・地域の中で9番目、先進国ではアメリカに次いで2番目。日本の国土37万7,000km²は世界の国・地域の中で60番目、海の面積を含めれば世界で6番目の空間大国。先進国で比較すると、

日本の国土はイギリスやイタリアより、そして東ドイツを吸収合併したドイツより大きい。)、しかも量的に大きいだけではなく、質的にも多様な国土を持つ国であることを示している。

その上で、人口大国、空間大国としての日本は、他の国以上に分権型統治構造を必要とすること、そして日本の長い歴史を振り返ると、日本の本来の「国の形」は地方分権型（団体自治型）であることを明らかにしている。人口大国、空間大国の日本は他国以上に地方分権が求められる国であり、21世紀の自治の設計にあたっても十分にこのことは考慮されなければならないことを明らかにしているところは本書の特色の1つといえる。

第3章では、20世紀末から日本だけではなく、欧米でもアジアでもOECD加盟諸国（先進国）を中心に分権改革が進行中であることを示し、20世紀末以降のグローバル化等にともない、「近代国民国家の再編成」が世界中で進行中であり——近代国家が担っていた経済機能のある部分はEUなどの超国家機構へ、近代国家が担っていた福祉機能等のある部分は地方政府へ——、そのコロラリー（系）として地方分権改革が世界各国で同時並行的に進められていることを明らかにしている。

第1章では地方自治が求められる普遍的な理由を、第2章では日本独自の理由を、第3章では20世紀末以降の欧米、日本、アジア（韓国、台湾、タイ等）などの分権改革の理由を明らかにしている。地方自治が求められる理由にも3層のものがあることを明らかにしているところが本書の特色の1つである。この3層の理由を明確に意識することは、現在の分権改革を正確に認識する上でも、21世紀の地方自治の制度設計にあたっても重要なことといえる。

第4章では他国との比較において、過去との比較において、現在の日本の地方自治がどのような位置を占めているかを検討している。

日本の近現代の地方自治はヨーロッパ大陸法系（特にドイツ法系）をベースに置きながら、その上に英米法系（特にアメリカ法系）が接ぎ木された世界でもユニークな法システムであることが明らかとされる。

第5章では、戦後60年の日本の地方自治の基本的な枠組みを規定している日本国憲法の中で地方自治がどのように規定されているか、そのことが戦後の地方自治の歩みにどのような意味を持ったかを明らかにしている。

　憲法解釈のあり方として憲法学者の通説である「憲法伝来説（制度的保障説）」だけではなく、行政学者、政治学者、行政法学者等の間で有力となりつつある「政府間関係説」を紹介し、地方自治のような総合的、包括的な研究対象の分野にあっては他の研究領域以上に学際的な研究が必要であることを示している点に本書の特色の1つがあるといってよいだろう。

　以上の第1章から第5章が地方自治の現状分析編であり、第6章、第7章が提言編ということになる。

　第6章は、市町村合併と21世紀の地方自治の関係について論じる。

　政府・与党が合併を推進する理由、今後の「日本の国の形」と市町村合併との関係を明らかにする。その上で、経済的効率性の要請と草の根民主主義の要請の双方を満たすための方策として「都市内分権と組み合わせた市町村合併」を提言する。

　第7章は、都道府県の再編、道州制の問題と21世紀の地方自治の関係について論じる。

　市町村合併の進展という内政上の変化から都道府県の再編が求められはじめていること、グローバル競争が展開される中での地域づくりの単位としてprefecture（府県）ではなく、region（州）という単位で競争した方が効率的、有効であること等が明らかにされる。道州制が求められる根拠、道州制が実現された場合の効果等を多様な観点から整理しているところが本書の特色の1つといえる。

　さらに、道州制が実現される際、民主主義の要請との関係から「顔の見える道州制」という道州内分権の仕組みが提案される。旧国の単位をエリアとした「顔の見える道州制」という道州内分権の仕組みの提唱も本書の特色の1つといってよいだろう。

　終章では、本書のまとめと今後の課題等を示している。

＜注＞
1）芦部信喜『憲法』336頁（岩波書店、第3版、2002）、村松岐夫『行政学教科書：現代行政の政治分析』84頁（有斐閣、1999）、西尾勝『行政学』55・58頁（有斐閣、新版、2001）、佐藤幸治『現代法律学講座．5　憲法』263頁（青林書院、第3版、1995）、塩野宏『行政法．3』105・108頁（有斐閣、第2版、2001）とも地方自治の必要な理由として民主主義との関係、自由主義（権力分立）との関係を述べるにとどまっている。原田尚彦『行政法』24頁（学陽書房、第4次改訂版、2005）はこれに加えて国際化との関係を地方自治の必要な理由に加えている。「21世紀に向け国際化が進むと、国は国際社会での責務を全うするために外交・対外政策に重点をおかざるを得ない。国内行政については（中略）住民生活に身近な事務事業は原則として地方公共団体が自主的かつ総合的に実施すべきことになる」
2）村松岐夫『地方自治』vii はしがき（東京大学出版会、1988）
3）村松（1988）vii はしがき
4）養老孟司『真っ赤なウソ』31頁（大正大学出版会、2004）
5）大阪市立科学館（2005年4月13日確認）「17世紀、自然現象を観察し、それが起こるメカニズムのモデルを仮定し（仮説の設定）、実験で確かめ、法則として数学的に普遍化するという近代科学の手法が確立されました」（同館4階、15～17世紀の科学コーナー展示）（　）内は筆者追記

第1部
＜現状分析＞
地方自治の意義と現状

　第1部では、(1)地方自治の意義を原点に戻って再確認し（第1章）、(2)20世紀以降、欧米、アジア、日本等で世界同時的に地方分権改革が行われている理由を明らかにする。（第3章）さらに、(3)人口大国、空間大国という日本の特色を明らかにし、他国以上に日本においては地方自治が強く求められることを主張する。（第2章）

　その上で、現在の日本の地方自治が、世界との比較の中で、日本の歴史の中で、どのような位置を占めているのか、その座標軸を明らかにする。（第4章）

　さらに、憲法改正論議が起こりつつあるいま、日本国憲法で地方自治がどのように規定されているか、それをどう解釈すべきかを、憲法学のみならず行政法学、行政学、政治学など多面的な視点から明らかにする。憲法学界の多数説である「制度的保障説」（憲法伝来説）にとどまらず、気鋭の行政学者、政治学者等によって主張される「政府間関係論」の考え方で現行憲法を理解した方が、(1)英語版日本国憲法の沿革の上からも、(2)21世紀の地方自治の充実強化の点からも妥当であることを主張する。（最高法規である憲法のあり方は、憲法学者だけに任せておくべき事項ではないと考える。）その上で、今後日本国憲法改正にあたって、どのような考え方で地方自治を規定すべきかを述べる。（第5章）

第1章 地方自治が求められる普遍的な理由

1 政治行政の民主化を図る装置としての地方自治
　——民主主義との関係——

　地方自治の機能として、まず政治行政の民主化を図る装置としての機能が掲げられる。

　政治学者ジェームス・ブライスの「地方自治は民主主義の最良の学校」という言葉に象徴されるように、人々は身近な政治行政主体としての地方政府（自治体）の意思決定に参加する機会を得ることによって、民主主義とは何かを具体的に体験し、理解することができる。こうした意味での地方自治の民主化機能は、細分すれば、さらに次の3種に分類することができる。

(1) 決定面（政治面）での民主化

　住民運動、市民参画のあり方が議論となって、すでに長い時間がたっているが、地方自治の存在意義の根源に関わるものとして「草の根元の政治（政府）」における政策決定への参加の機会の提供というものが掲げられる。

　地方政府は権力の源泉である住民に近いところに位置しており、しかも中央政府と違って、(1)選挙だけではなく、(2)イニシアティブ（住民発案制度）、リコール（解職請求）など直接請求といった手段によっても住民に広く開かれている、住民に身近な政府ということができる。

　法律上のものではないが、新潟県巻町、沖縄県、岐阜県御嵩町、沖縄県名護市などで、原子力発電所、米軍基地、産廃処理場の立地などをめぐって条例に基づく住民投票が行われ、大きな政治的効果を持つようになってきた。さらに平成の市町村合併をめぐって全国各地で住民投票が行われ、住民投票という民意の反映方式は一般化しつつあるといってよいだろう。

(2) 行政執行面での民主化

　ある事務を、中央政府が行うべきか、地方政府が行うべきかについては、「中央政府と地方政府との間における事務配分の問題」として論じられているが、事務配分として中央政府に属すべきだとされたものについても、その現地における実施は住民の声を聞きながら、地方政府で行うことが適当な場合が多いと考えられる。

　「地方的な関心事であれ、国家的な関心事であれ、いやしくも、それぞれの地方団体の区域内において処理し、実施すべき事務は、地方団体において処理してよい。たとえ、国家的統一の必要から、中央において立法的統制を必要としても、その現地における実施は、地方住民の民主的コントロールに服させることが適当である」という小林の主張は、この文脈の中でとらえることができる[1]。

　自治事務はもちろん、法定受託事務においても「中央において立法的統制を必要としても、その現地における実施は、地方住民の民主的コントロールに服させることが適当」という小林の指摘は尊重されなければならない。

(3) 政治的教育・訓練の場

　ものごとを理解するためには、いきなり複雑なものにあたるよりも、その基本形にあたる構造の簡単なものを体験し、理解していくことが効果的である。その意味で、中央政府のミニ機構ともいえる地方政府は、「"政治の玄人"をめざす政治的リーダーにとって、格好のトレーニングの場となるだけではなく、"政治の素人"である一般の住民にとっても、自分の経験を通して権力運用の実際を知る、手頃で貴重な政治的教育の場[2]」となる。

　「地方自治は民主主義の最良の学校」というブライスの名言はこのことを指したものといえる。

2　民主主義の中で自由主義を守る装置としての地方自治
　──自由主義との関係──

　民主主義と地方自治との間には密接な関連があることについては、(1)で検討したとおりである。今度は自由主義と地方自治との関連について考えてみることにしよう。

　「民主主義は、誰が政治権力を掌握するかを問題にし、人民こそが権力をもたねばならないと主張する。」。これに対して「自由主義は、政治権力の所持者が誰かの問題とは別に、いかにして個人の自由権を確保するかに関心を集中する[3]。」。(傍丸は原典)

　「権力への市民の参加」を主張するのが民主主義であり(デモクラシーとはデモス＜一般人＞によるクラシー＜支配＞にほかならない。)、「権力からの個人の自由」を主張するのが自由主義といえよう。

　Who governs? に関心を持つのが民主主義だとすれば、How governed? に関心を持つのが自由主義ということもできよう。(**図表 1**)

　そして「自由主義のパトスが個人の自由権の擁護にあるとするならば、民主主義のそれは人間の平等な権利の実現にある」(傍丸は原典)といえる[4]。

　さて、ここで民主主義の徹底した形を考えてみることとしよう。民主主義は平等を志向する。「しかしながら、もともと自然──つまり人間的干渉の欠如する状態──は、けっして平等ではないのである。(中略)平等は、人間の手で創り出さなければならない。(中略)平等の樹立は、常に力の干渉を前提としてはじめて可能となる[5]。」(傍丸は原典)

　民主主義にひそむ平等の理念は「法の前の平等」や「政治的平等」という形式的、制度的な領域(機会の平等)をつきぬけて、やがて実質的、社会的な領域における平等(結果の平等)へと志向する。そして、それは力の干渉──平等の社会経済的諸条件を人為的に創造し、それを強制していくことができる中央権力──なくしては達成できない事柄である。

　「民主主義にひそむ平等化、水平化への衝動が極端におし進められるとき、個性の多様な発現は圧殺され、一定の鋳型におさまりえないものは排斥

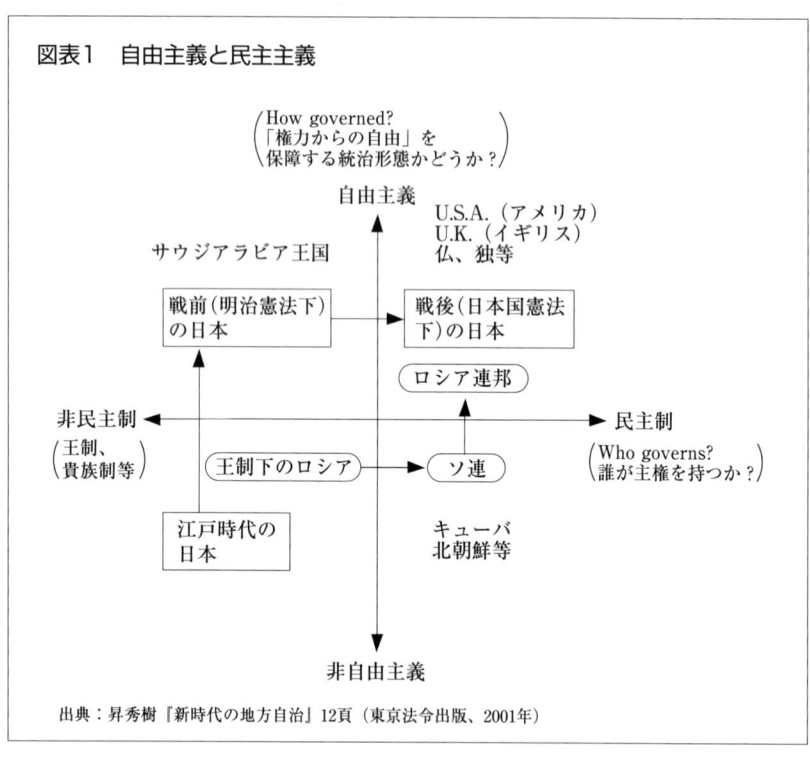

出典：昇秀樹『新時代の地方自治』12頁（東京法令出版、2001年）

され、画一性が猛威をふるうように」なる。そこでは「中央権力が大衆のあらゆる必要を——たんに物質的必需品のみならず、精神的な必要物をも——一切の個人的、質的差異を無視して画一的に決定し、配給する」こととなる[6]。

　一党独裁と民主集中制を採用したスターリン型の社会主義体制がその限界を示し、1985年のゴルバチョフ書記長（当時）登場以来のペレストロイカ（再構築）とグラスノスチ（情報公開）によって、民主化・自由化がおし進められ、(1)1989年の東欧の民主化、それにともなうものとしての地域の自立、地方自治強化、(2)ソ連国内の共和国の連邦からの自立、1991年のソ連邦の解体につながっていったことは記憶に新しい。

　人類の長い歴史によって勝ち得た成果の１つである民主主義を維持しつ

つ、個人の自由や社会の多様性を守るためにはどうすればよいか。その1つの有力な解決策として地方自治があると思われる。つまり、政府機能を1点に集中させず、中央政府とは別個の主体として地方政府を設置する訳である。

　国家権力の乱用防止策として中央政府の機能を立法、行政、司法に分ける三権分立が「水平方向の権力分立」であるとするなら、政府機能を中央政府と地方政府に分ける地方自治の考え方は、「垂直方向の権力分立」であるということができよう。

　個人の自由と社会の多様性を守るためには、権力の意思決定主体の分散を図ることが必要だ。かつては封建領主、教会、ギルド等が中央政府以外の権力主体として存在し、影響力を保持していたが——政治学者ジュブネルはこれらの権力主体をソーシャル・オーソリティ（社会的権威）と呼んでいる——民主化の浸透とともに、これらは「封建的・非民主的」という理由で政治的な権力主体としては存在が許されなくなった。

　では、民主主義の世の中で存在しうるソーシャル・オーソリティは何か。それが地方政府とＮＰＯ（非営利組織）だといえる。地方政府やＮＰＯは「民主主義の要請」を満たすとともに「自由主義の要請」をも満たす存在として自由を尊ぶ社会には不可欠の存在であるように思われる。民主主義国家の中で、自由と社会の多様性を守るための抵抗体としての地方自治やＮＰＯの意義は、今後強まることはあっても、弱まることはないと思われる。

　話が抽象的になりすぎたかもしれない。もう少しわかりやすい形で表現してみることにしよう。ここでいおうとしていることは、それぞれの地域（地方政府）やコミュニティ、ＮＰＯが、それぞれの地域、ＮＰＯの特性を生かした地域づくりを進めていくとき、その国は自由で多様な魅力を持つ国になりうるということだ。

　それぞれの地域、ＮＰＯの特性に応じたまちづくりを進めていく中では、ある場合には、ややもすれば画一的になりがちな国（中央政府）の政策を、(1)地域の住民生活の実態という側面から修正させていく場合もあるだろう

し、(2)国がまだ手をつけていない政策を先取りして行わなければならない場合もあるだろう。

　そうした、自由性、多様性を保障する仕組み——国とは多少とも異なった政策を地方段階でとりうる可能性がある、あるいは同一目的の政策について地域の特性を加味した味付け（同質なものの多様なる表現）ができるという意味で——として、地方自治が果たす役割は大きなものがあるといえよう。

3　激変緩和、安定装置としての地方自治

　地方自治は、中央政府の政権交替、あるいは中央政府の動揺等による社会経済の激変を緩和する機能を持っている。この点については、日本では戦後、劇的な政権交替が少なかったため、ややもすれば見逃されがちだが、地方自治の持つ重要な機能の1つとして、欠かすことができないものということができよう。（特に20世紀末に中選挙区制から小選挙区比例代表制に選挙制度が変わったことにより、日本の選挙も2大政党型選挙の様相を示すようになり、21世紀の日本の政治は英米のように2大政党の間で政権交替が起こる政治となる可能性が高い。そうだとすると、「激変緩和、安定装置としての地方自治」の機能はこれまでより注目されることになるだろう。）

　日本の近代的な地方自治の出発点ともいうべき明治地方自治制（明治21年の市制町村制と明治23年の府県制郡制）の創設過程において、その趣旨が明確に示されているのはその意味で興味深いといえる。

　この点について村松岐夫は次のように指摘している。「この市制町村制・府県制郡制が、明治23年11月の国会開設の前につくられていることに注意をしなければならない。この点については長浜政寿の指摘が重要である。国会が開設されるならば、国会に政党（自由民権グループ）が進出してきて国政に波乱が生じるであろう。そこで『中央政局異同ノ余響ヲシテ、地方行政ニ波及セサラシム』ため、地方制度をあらかじめ整備しようという趣旨であった[7]。」

　与野党対決法案の問題などで、国政が停滞している場合でも、住民の日常

生活にはその影響はほとんどない――学校が休校になる訳でもなく、上下水道、交通、病院、ゴミ処理などの行政サービスも平常どおり供給されている――のは、ここでいう激変緩和装置としての地方自治の果たしている役割ということがいえよう。

いま、政治的な激変に対する緩和装置としての地方自治の機能について触れたが、政治的な激変に限らず、自然現象、社会現象にともなう社会の激変に対する緩和装置としての機能をも地方自治は持っている。

サンフランシスコ（1989年）や神戸（1995年）、新潟県（2004年）が地震被害にあったが、東京がこうした被害にあった場合、過度の東京中心主義――政治も経済も文化も――の現状のままでは日本は（そして世界も）大混乱に陥る可能性が高い。

もし、政治、経済、文化等様々な機能について、かなりの程度まで地方分権化が進められているとすれば、たとえどの地域がそうした災害にあったとしても、日本全体として受ける衝撃、そして世界に及ぼす影響は、かなり緩和されたものとなろう。

その意味で地方分権化を進めることは、トータルとしての日本の安全度を高めるという効果を持つことになる。阪神・淡路大震災以降、危機管理（クライシス・マネジメント）の重要性が広く認識されるようになってきたが、国土の危機管理の観点からも地方分権を進めることが肝要といえる。

さらにいえば、東京から首都機能を「スモールアンドスマート」（小さいけれども賢明な）な新首都に移転することも21世紀の日本の重要課題の1つと考える。

その点で大西隆の次の指摘は大切だと考える。

「先進工業国である北米、欧州、オーストラリア、日本の中で、日本は政治、中央行政、民間活動などが一極に集中する特異な国である。特に経済活動を見ると、大企業本社の所在地では、アメリカではニューヨーク都市圏への集中率が30％程度であるし、EUではドイツ、フランス、イギリスなどが20％程度のシェアに過ぎないのに比して、日本では、東京が60％を超える。

東京の一極集中を正当化する時に、よく国際競争力をつけるために東京の中心性を高めることが必要だとされるが、欧米の現状を見ると、まったく根拠がないことがわかる（中略）。むしろ、それぞれの都市の都市環境を悪化させない範囲に都市規模が収まることが、都市の快適さと都市の果たす社会的機能を両立させる道だという知恵が働いてきたのである[8]。」

4 「政策の実験室」としての地方自治

地方自治の機能として、次に「政策の実験室」としての機能が掲げられる。

住民により近い位置にいる地方政府（自治体）は住民の具体的な要求を中央政府より早くキャッチできるとともに、それに素早く対応せねばならない状況に置かれている。そしてまた、そうした対応が可能なシステムとなっている。

中央政府（国）が議院内閣制をとっており、閣議が全員一致でないと、予算案、法律案も政府の施策として打ち出せない（各省庁のうち1つの省庁でも反対だと、政府の施策として打ち出せない）仕組みとなっていた——橋本行革以降の行政改革で、法制上は総理大臣のリーダーシップが強化されることになったが——のに対して、地方政府は大統領制（首長制）をとっており、トップの意思1つで地方政府の施策として大胆な施策を打ち出しうる仕組みとなっている。また、人事権についても、中央政府は各省庁独立して人事権を持っており、縦割りの弊害が出やすいのに対して、地方政府は人事権が首長に一元化されており、総合調整が行われやすい仕組みとなっている。
（図表2）

施策の是非は別にして、昭和40年代の話題を呼んだ千葉県松戸市の「すぐやる課」の設置などはその端的な表れといえよう。

戦後における地方政府の自主的な地域開発への取り組み、昭和40年代における公害環境行政、福祉行政、消費行政、宅地規制行政、さらには昭和50年代以降における自主的な行政改革、情報公開等の試み、地方博などのイベン

第1章　地方自治が求められる普遍的な理由

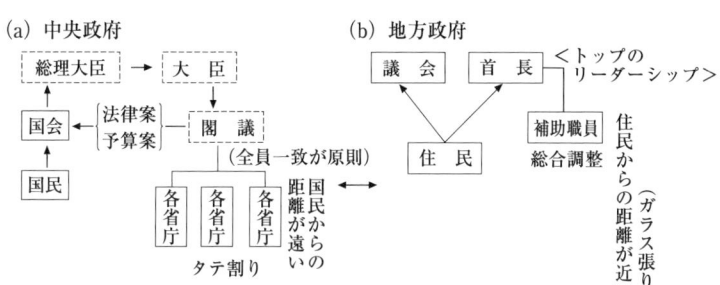

図表2　(a) 議員内閣制の国と (b) 大統領制の地方

出典：昇秀樹『新時代の地方自治』17頁（東京法令出版、2001年）

トの開催など、中央政府に先んじて地方政府が取り組んだ「先取り行政」もその表れといえよう。

　こうした先取り行政の中には、その効果が確認された後、広く全国的にその措置が採用され、やがては中央政府も同様の措置を講ずることになったものも数多くみられる。（その反面、必ずしも十分な検討がなされず、「いきす

ぎ行政」といわれる施策が出てくる場合があることも忘れられてはならないが。）

　デンマークやスウェーデンでは、市町村（コミューン）で何か新しい試みに取り組みたいが、法律が障害になるとき、一定の条件を満たせば法律にしたがわなくてもよいという「フリーコミューン」という制度が設けられた。一定期間の試行の後、その先覚的な試みについての成果を報告し、効果があるということになれば全国に広げられる。福祉施策としての「24時間在宅ケア」なども「フリーコミューン」の中から生まれた施策である。

　小泉内閣で推進された特区制度は直接的には中国の特区制度を参考にしてつくられたものだが、効果としてはスウェーデンのフリーコミューンと同様の成果をもたらしているといってよいだろう。

　なお、これと関連して非天下党に政治的チャンスを与えるという地方自治の機能も見逃すことができない。日本でいえば、昭和40年代の革新自治体の躍進、活躍、さらに現在における共産党の市町村長の存在などは地方自治のこの種の機能の発揮としてとらえることができる。このことによって「"天下党"の専制支配に対する防波堤の役割が自治体に期待されているのであり、政治的自由と抵抗の場としての地方自治のイメージがそこに育くまれる[9]」といえよう。第1章2で触れたように地方自治と自由、多様性とは切っても切れない関係にあるといえる。

　1987年や1999年の統一地方選挙で、草の根市民運動出身の主婦など女性候補が地方議会議員に多数立候補、当選したが、これなども「未来を先取りする地方自治」「政策の実験室としての地方自治」という地方自治の意義と機能を示したものといえるだろう。国政においては1989年の参議院選挙、2005年の衆議院選挙等で「マドンナ候補」が活躍、多数当選したが、1987年の統一地方選挙はそれを先取りしていたといってよいだろう。

　首長レベルで見ても1991年4月の統一地方選挙で全国初の女性市長が芦屋市で誕生し、1999年に大阪府と熊本県で女性知事が誕生した。その後も各地で女性市長、女性知事が誕生している。21世紀の国政における女性総理誕生

の先駆けといってよいのかもしれない。

　中央政府と地方政府の統治構造の違いという制度的要因が、他国以上に日本において「政策の実験室」としての地方自治の存在意義の重要性を示した点に、本書の特色の１つがある。

　日本は中央政府が議院内閣制、地方政府が大統領制というユニークな国である。それに対して、アメリカ、韓国、台湾等は国も地方も行政府のトップを国民、住民が直接選挙で選ぶ大統領制、イギリス、カナダ、オーストラリア等は国も地方も、行政府の存続が議会の信任に基礎を置いている（国は議院内閣制、地方は議院内閣制的）というように、多数の国においては国と地方の統治構造は同じである場合が多い。（戦前、大正デモクラシー時の日本は国も地方も行政府のトップが議会の選任によるイギリス型のシステムだった。）戦後の日本は、地方においてはアメリカ型の大統領制を導入したものの、天皇制が存続となった関係で中央政府については大統領制ではなくイギリス型の議院内閣制をとることになった。

　そのことが首長のリーダーシップをとりやすい地方政府において、先進施策を多数生み出す「政策の実験室」としての地方自治の機能が他国以上に高い戦後、日本の構造を生み出すこととなった。なお、環境施策の分野を例にとりながら、日本においては地方政府が中央政府を先導する形で公害・環境政策が展開されてきたことを明らかにした[10]。

5　行政の総合化、効率化を図るための装置としての地方自治

　夜警国家から福祉国家への政府機能の変化、技術革新・情報革命などによる社会状況の変化にともない、行政は量的には急速に拡大するとともに、質的にも専門技術化が進んできた。こうした行政の肥大化傾向にストップをかけ、「小さな政府」を目指して改革を進めているのがサッチャー、レーガン以降のＮＰＭ（New Public Management）型改革といえる。日本でいえば中曽根内閣の３公社の民営化等で部分的にＮＰＭ型改革がはじまり、橋本内閣、小泉内閣で本格的にＮＰＭ型改革、構造改革が進められようとしてい

る。

　こうした行政の複雑多岐化、専門技術化が進むにつれて、各行政の分野ごとのセクショナリズムという問題が出てくることになる。この点については日本の中央政府・各省庁の実態を見ると明らかである。

　「公害問題1つを取り上げてみても、各省庁がその立場を固執し、たとえば工場排水の規制に係る主務官庁は、6 (府) 省にわたっている。国内の行政は、すべて具体的な実施の段階では、特定の人または (団体も含めて) 特定の土地に対して行われるものである。それらの行政がそれぞれの立場からなんの総合調整もないままに行われるならば、それを受ける立場においては、全く混乱してしまう。しかし、中央政府はどうしても専門分化することを容認せざるを得ないとするならば、国内行政の実践の面で、各地域でそれらを総合調整せざるを得ない。公害問題にしても、住民の健康、住民の財産の保護、地域の産業の振興、地域の土地の最も合理的な利用等の観点から、総合的に考えそれに対する施策を講ずる必要がある。そのような機能を営むのは、住民の身近かで、住民のさまざまな要求を直接に受けとめ、かつ、地域の実情を熟知している地方公共団体しかありえない[11]」といえよう。

　一方で行政の複雑多岐化、専門技術化という時代の要請を満たしながら、しかもなお行政の総合性を確保していくためには、中央政府で行政の専門分化を行うとともに、地方政府で行政、施策の総合化を行うという方法が有効だろう。

　なお、総合化を図るシステムとして、日本の地方政府においては中央政府の議院内閣制とは異なり、大統領制（首長制）がとられていることに注目することが必要だろう。中央政府の場合は、たとえば各省庁の人事がそれぞれの省庁ごとに分割して行われているため、伝統的にも各省のセクショナリズムはきわめて根強いものがあり、予算編成等においても、各省庁にまたがって政策の優先順位をつけることは著しく困難となっている。

　これに対して地方政府の場合は大統領制であって、人事権等を持つ首長（知事、市町村長）が全部局に対して指揮を行うことが可能であり、部局間

の調整を行い、全体施策の決定の一元化を図ることが容易にできる。この点が国とは著しく異なる点であり、トップマネジメントが国に比べて、はるかに大きな役割を果たすことができる仕組みになっている。

　住民の要望、行政ニーズに対して機能的、総合的に対応できるシステムを日本の地方自治は持っているということができる。その意味でも、地方政府の存在の重要性は銘記されるべきだと思われる。

　行政の総合化機能に関連して、地方自治の効率化機能にも触れておこう。

　「地方自治の（中略）価値は、資源配分の点からみても効率的という点にある。（中略）なぜなら、自治体では地域社会全体の総合的な観点から政策の取捨選択がなされ、政策間の優先順位が決定されることになるので、財源等の行政資源の配分がそれだけ効率的なものになるからである[12]。」

　このようなことから、地方自治は行政を総合化、効率化する機能を持っている。

6　きめ細かな行政サービス提供装置としての地方自治

　順序としては最後になったが、地方政府の存在意義として常識的にまず指摘されるのはこの機能かもしれない。というのは、住民が地方政府に期待するのは、何よりもこの機能の充足であり、これなくしては地方政府の存在意義そのものが失われる可能性すらあるからである。

　この点で国鉄の分割民営化は興味ある事例のように思われる。

　日本全国をエリアとしていた国鉄から、ブロックごとをエリアとした民間会社ＪＲに変わった後、地方中枢、中核都市などでは(1)列車の連結を短くして本数を増やす、(2)ベッドタウンなど利用客を見込めるところに新駅をつくるなど、地域に密着したサービスが展開されるようになり、国鉄時代に比べて各ＪＲの評判はおおむね良いようである。しかもそれが約30万人の従業員が18万人に減ったにもかかわらず地域密着型のサービスの充実強化が図られたというところが注目すべきところである。

　こうした努力のかいあって、ＪＲ各社決算も国鉄時代に比べると改善され

ている。国鉄の分割民営化は意思決定権限を地域におろすことの重要性を示す好事例のように思われる。厳密には「民営化」の効果と「分割」の効果を何らかの基準で分けることが必要だとは思うが、「民営化」だけではなく、「分割＝分権化」の効果も相当に大きいものがあるように思われる。この点で電電公社から地域分割化は行わず、民営化だけを行ったＮＴＴとの比較を行うとおもしろい結果が出てくるかもしれない。もっともＮＴＴについてもその後、国際部門と東日本、西日本に地域分割が行われることになったが、これも民営化の効果だけではなく、分割＝分権化による競争、地域ニーズの反映などの効果をねらったものであるように思われる。

　2005年10月から分割民営化された道路公団も、モデルは国鉄の分割民営化だとされている。

　これまで何度か触れたように、住民により近い位置にある地方政府は、それだけ住民の要求を的確に把握できるはずであり、こうした住民の要求にきめ細かく対応できる公的主体として、まず第1に考えられるのが地方政府（自治体）ということができる。

　特に、今後高齢化が進展していく中で、高齢者への保健・福祉・医療、職場、生き甲斐、生涯学習、まちづくりへの参加など地域に根付いたサービス提供主体としての地方政府の役割は、ますます大きくなっていくものと見込まれる。

　それぞれの地方政府が知恵を出し、住民の要求にきめ細かに応えるとき、日本は本当の意味での成熟社会、高福祉社会になるといえよう。

・・

　＜注＞
　1）小林与三次『地方自治』18－19頁（良書普及会、1956）
　2）井出嘉憲『地方自治の政治学』11－12頁（東京大学出版会、1972）
　3）勝田吉太郎『知識人と自由』91頁（紀伊国屋書店、1969）
　4）勝田（1969）91－92頁
　5）勝田（1969）92－93頁

6）勝田（1969）94-96頁
7）村松岐夫編『行政学講義』92頁（青林書院、新版、1985）
8）大西隆『逆都市化時代：人口減少期のまちづくり』50-51頁（学芸出版社、2004）
9）井出（1972）12頁
10）昇秀樹「自治体の環境行政：何故、日本では自治体が国に先行して環境施策を展開してきたのか？」法政論叢38巻2号（2002）56-61頁
11）久世公堯・松本英昭『演習　地方自治法』23頁（第一法規出版、1979）
12）西尾勝・大森彌編著『自治行政要論』28頁（第一法規出版、1986）

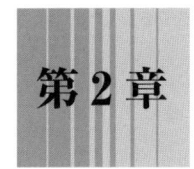

第2章　日本で地方自治が求められる理由

1　人口大国・日本と地方分権

　日本で地方自治（地方分権）が求められる理由は、第1章で見た、民主主義との関係、自由主義との関係など、世界各国共通にあてはまる普遍的な理由に加えて、日本独自の理由があることにも注意しなければならない。

　それは日本が歴史を通じて、人口大国、空間大国であったという事実である。

　日本ほどの人口大国、空間大国の国が中央集権で運営されることは不自然であり、様々な不都合をもたらすことになる。事実、日本の歴史を検証すると7〜8世紀の古代と明治維新以降の近現代を除いて、それぞれの地域のことはそれぞれの地域で決める、いまの言葉でいう団体自治型（地方分権型）の政治・行政システムで運営されていたことに気がつく。

　こうした、日本独自の理由を理解することは今後の制度設計にあたって貴重な知見を提供することになる。

　たとえば、いま日本で進められている地方分権改革は、他の国はいざ知らず、日本にとっては本来の「国の形」に戻ることであるという理解は、21世紀の国づくりにあたって、江戸時代など分権型時代の知恵に学ぶべきことの可能性を示唆することになるだろう。

　あるいは、日本の政治・行政システム設計にあたって日本と比較すべきはルクセンブルク（50万人、0.06兆ドル）、マルタ（40万人、0.004兆ドル）のような小国ではもちろんなく、オランダ（1,600万人、0.5兆ドル）、スウェーデン（900万人、0.3兆ドル）などの中規模国でもなく、さらにいえば、問題の性質によってはイギリス（5,900万人、1.8兆ドル）、フランス（6,000万人、1.7兆ドル）などのヨーロッパの大国でさえもなく、ＥＵ（4億5,500万

人、11.0兆ドル）という超国家機構こそが日本（1億2,800万人、4.3兆ドル）の比較対象としてふさわしいというような視点、知見を得られることとなる。（各国の後の数字は2004年の人口と2003年の国内総生産）

そこで地方自治（地方分権）が求められる日本独自の理由について以下で検討してみることにしたい。

日本の人口は1億2,800万人で世界人口63億7,800万人（2004年年央推計値・国連、以下同じ。）の2.0%を占める。

世界に200程度の国があるが（国連加盟国は2005年3月1日現在、191か国）日本の人口は中国13億人、インド11億人、アメリカ3億人、インドネシア2億2,000万人、ブラジル1億8,000万人、パキスタン1億6,000万人、バングラデシュ1億5,000万人、ロシア1億4,000万人に次いで世界各国の中で9位の位置にある。

日本と条件のよく似たOECD加盟諸国、先進国に話を限れば、アメリカに次ぐ2番目の人口大国ということになる。（学問の重要な方法の1つとして「比較」という手法があるが、比較する際、条件のよく似たものと比較することが肝要である。たとえば日本の国民負担率を比較するとき、行政サービス水準の低いアフリカ諸国等と比較してもあまり有意義な結果は得られない。国民負担率を比較するなら行政サービスの水準がほぼ同じである先進国と比較した方が有益な情報を得られる場合が多い。）

デンマークの540万人という人口規模は日本では福岡県のそれに、スウェーデンの890万人という人口規模は大阪府のそれに匹敵する。

G7の一角を占めるカナダの3,200万人という人口規模ですら、日本でいえば1都3県、首都圏の人口規模ということになる。

ヨーロッパの大国、イギリス、フランス、イタリアも6,000万人前後で日本の人口規模の半分以下だし、東ドイツを吸収合併したドイツでも8,300万人、日本の4分の3の人口規模にすぎない。

アジアで見ても韓国の4,800万人は日本の3分の1、台湾の2,300万人は日本の6分の1、シンガポールの400万人は兵庫県や福岡県の人口規模を下回

ることになる。

　日本は現代世界の中で、人口規模の大きい人口大国に位置している。
　そして日本が人口大国であるのは現代だけの話ではない。
　日本は、古代、中世、近世、近現代と歴史を通じて人口大国の位置にある。
　古代の平城京、平安京は人口10～20万人程度の都市だったと推計されているが、当時ヨーロッパには人口規模10万人を上回る都市は存在していなかったといわれている。中国に、長安という百万都市が存在していたので平城京、平安京が当時のナンバー1都市とはいえないが、世界有数の大都市だったことは間違いない。
　江戸時代の江戸は人口100万人を超え、人口規模世界1の都市だったといわれる。産業革命に成功したロンドンが江戸の人口を上回るまで、江戸はナンバー1の位置を占めつづけた。
　日本を含むアジア諸国はコメを主食とする国が多く、そのことがアジア各国を世界の中で人口大国にしている主たる要因といわれている。
　世界の3大主食はコメ、コムギ、トウモロコシとされるが、この中で1ヘクタールあたりのカロリー生産性が1番高いのがコメであり、このことが世界の人口大国がアジアに集中している原因と考えられる。この結果、世界人口64億人のうち、半分以上がアジアの人口となっている。日本でいえば、弥生時代以降はコメが主食であり、そのことが歴史を通じて日本が人口大国であることの大きな要因になっていると思われる。
　このように、日本は歴史を通じて人口大国の位置にあるが、こうした人口大国が中央集権システムで運営されるというのは著しく不自然かつ不適当といえる。次に検討する空間大国という特性もあいまって、日本はその長い歴史のそのほとんどを地方分権型（団体自治型）政治行政システムで運営してきた歴史を持っていることを、現在の地方分権改革においても想起すべきだろう[1]。

2 空間大国・日本と地方分権

　南太平洋にキリバス共和国という国があることをご存知だろうか。

　人口9万5,000人。700島余りの国土720km²（日本の1/524）の小国だが、キリバス共和国は「我々は西ヨーロッパの陸地面積より大きいエリアを管轄している」と胸をはる[2]。

　キリバス共和国は南太平洋に展開する海洋国。200海里経済水域を加えて計算するとキリバスの管轄エリアは360万km²、西ヨーロッパの陸地面積より大きいものとなる。

　さて、日本である。

　「日本は国土の狭い国」と筆者は、小学校、中学校の社会の授業で教えられた。学校の授業等の影響で「日本は空間小国」と思い込んでいる人が多いのではないだろうか。（政治家の中にも「小さくともキラリと光る日本」という本を書いた武村正義元大蔵大臣のような人もいる。日本は人口的にも、空間的にも小国ではなく、大国である事実は必ずしも多くの人には知られていない。）

　確かに、日本はロシア（世界1の陸地面積の国）、カナダ（同2位）、アメリカ（同3位）、中国（同4位）等の空間大国に比べれば、狭い国ではある。

　しかし、普通の国に比べれば、決して狭い国ではない。

　世界には200程度の国があるが、日本は上から数えて60番目の国土を持っている[3]。上から数えて3分の1より上位に位置している。

　日本と条件のよく似た先進国と比較してみると次のようになる。

　アジアで比較してみると、日本の国土37万8,000km²は、韓国10万km²の4倍弱、台湾3万6,000km²の10倍強、シンガポール680km²は淡路島とほぼ同じ面積ということになる。

　ヨーロッパでいえば、ヨーロッパの大国とされるイギリス（30万km²）、イタリア（25万km²）、そして東ドイツを吸収合併した統一ドイツ（35万7,000km²）より日本の国土の方が大きいということをどれだけの人が知っているだ

ろうか。

　これまで述べてきたのは、国土、土地の面積の話である。

　キリバス同様、日本は四方を海に囲まれた海洋国家である。——島尾敏雄など太平洋に浮かぶ海洋国家という視点を強調する論者の中には「ヤポネシア」という呼称を提案する人もいる。——キリバスと同じように、200海里排他的経済水域を加えて計算すると450万km²となり、日本は世界で6番目の空間大国ということになる[4]。(海洋研究所調べ)

　日本列島は、東西、南北3,000kmの正方形に丁度おさまる程度の広がりを持っているが、この正方形を北西方向、ヨーロッパの方向へ移動すると、ブリテン島を含めてヨーロッパのほとんどがすっぽり入ってしまうことになる。(**図表1**)

　日本の都道府県庁所在地、札幌－那覇の距離はヨーロッパでいえばコペンハーゲン(デンマーク)－マドリッド(スペイン)の距離に相当する。

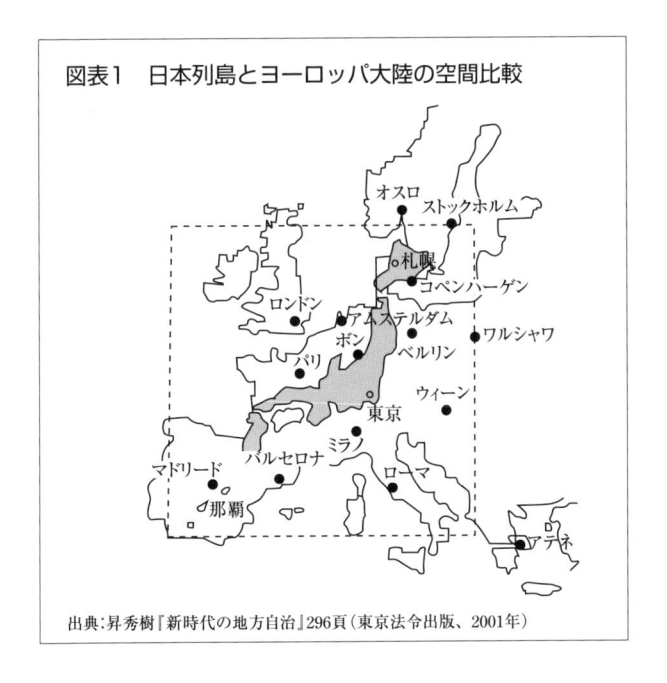

図表1　日本列島とヨーロッパ大陸の空間比較

出典：昇秀樹『新時代の地方自治』296頁(東京法令出版、2001年)

対角線上でいえばロンドン（イギリス）－アテネ（ギリシャ）間に匹敵し、内陸間でいえばパリ（フランス）－モスクワ（ロシア）まではいかないものの、モスクワのすぐ手前までに相当する。(**図表２**)

日本は「狭い小さな国」ではなく「空間大国」であるといってよいだろう。

しかも、それは現代の話だけではなく、「歴史を通じて」といってよいだろう。

(1)沖縄が日本の領土に入ったのは薩摩侵入（1609年）以降であり、(2)松前藩以外の北海道が日本に編入されたのは明治以降だが、本州、四国、九州は古代から日本の領土だったことを考えると、日本は歴史を通じて空間大国だったといってよいだろう。

これまで日本の国土、領域が「量的」に広いものであることを見てきたが、日本の国土は量的に広いだけではなく、「質的」にも多様性に富んだものであることに留意しなければならない。

気候区分でいえば、日本列島は北海道の亜寒帯から本州、四国、九州等のモンスーン型温帯、奄美大島以南の亜熱帯と３つの気候帯を持っている。

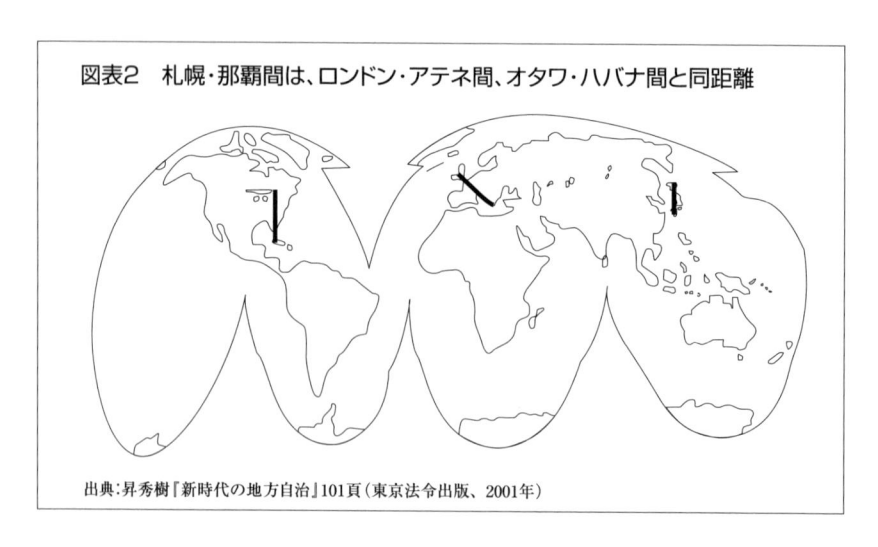

図表２　札幌・那覇間は、ロンドン・アテネ間、オタワ・ハバナ間と同距離

出典:昇秀樹『新時代の地方自治』101頁(東京法令出版、2001年)

日本と条件の似た先進国（ＯＥＣＤ加盟諸国）の中で、この３つの気候帯を持っているのはアメリカとニューカレドニア（亜熱帯）を含めたフランスの２つしかないことを見ても日本の国土の持つ多様性がわかろうというものだ。

同じモンスーン型温帯に属する本州でも日本海側と太平洋側ではかなり異なる気候、風土を持っている。日本海側では冬季、「弁当忘れても傘忘れるな」ということわざがあるように、いつも雪か、曇天という日がつづく。これに対して太平洋側では毎日、晴天つづきで上州では空っ風が吹く。

２月、オホーツク海沿岸に流氷が押し寄せているとき、亜熱帯の沖縄ではブーゲンビリアが咲き、素もぐりも可能だ。

日本は量的に「空間大国」であるだけでなく、質的に「多様性に富んだ国土」を持っている。（図表３）

こんな国が中央集権で運営されるとすると、それは著しく不自然であり、

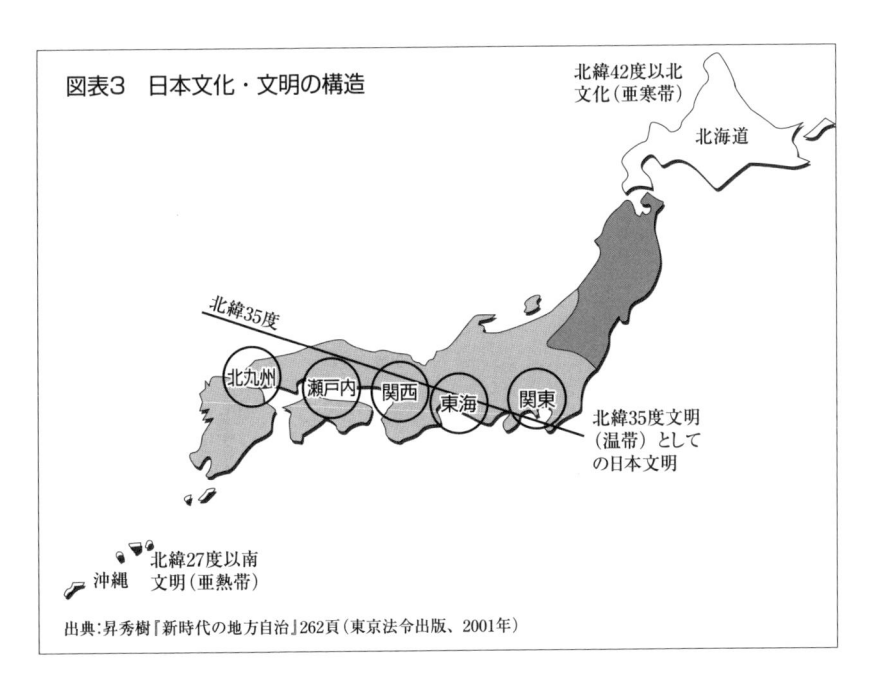

図表３　日本文化・文明の構造

北緯42度以北　文化（亜寒帯）
北海道
北緯35度
北九州　瀬戸内　関西　東海　関東
北緯35度文明（温帯）としての日本文明
北緯27度以南
沖縄　文明（亜熱帯）

出典：昇秀樹『新時代の地方自治』262頁（東京法令出版、2001年）

不都合な結果を招くことになる。

　住まいのあり方（建築確認）、都市・農山漁村のあり方（都市計画・農山漁村計画）などはそれぞれの地域の気候風土を踏まえた上で、それぞれの地域住民の声を聞きながら政策立案されることが必要だ。

　ところが、国防等の観点から、明治維新以降140年弱、第2次世界大戦以降半世紀、日本は基本的に中央集権体制で運営されてきた[5]。

　しかし、それは日本本来の「国の形」ではない。日本の長い歴史のほとんどは、それぞれの地域のありようはそれぞれの地域で決める、いまの言葉でいえば地方分権（団体自治）型の政治・行政システムで運営されてきた。7、8世紀の古代と明治維新以降の近現代が例外的に日本の独立を守るため、中央集権システムをとったが、それ以外は地方分権システムで日本は運営されている。日本の「この国の形」は地方分権であって中央集権ではない。7、8世紀は当時の隋、唐の侵略に備えて、幕末以降は欧米列強の帝国主義的侵略に備えて中央集権システムを採用したのであり、平時の日本は地方分権システムが「日本の本来の国の形」である。

　20世紀末から日本で進められている地方分権改革は、この文脈で考えれば、決して目新しいことをやろうとしている訳ではなく、「日本の本来の国の形」に戻す改革ととらえることができる。

3　経済大国（1970年代以降）と地方分権

　人口大国、空間大国が「歴史を通じて」であったのに対して、日本が経済大国になったのは20世紀の第4四半世紀以降であり、日本の長い歴史を考えれば「つい最近のこと」といわなければならない。

　第2次世界大戦後の日本の1人あたり国民総生産（ＧＮＰ）、国内総生産（ＧＤＰ）の世界的位置を10年間隔で見てみると次のようになる。

　1950年の1人あたりＧＮＰは当時のフィリピン以下。（ドイツと日本は連合国により徹底的に生産施設等を破壊されたため、敗戦直後は戦前の生産力を大幅に下回っていた。「経済白書」が「もはや戦後ではない」と記したの

は1956年のことだった。）1960年のそれは当時のギリシャ並み。1970年は当時のイタリア並み。

1964年に日本はOECDに加盟し、先進国に仲間入り。それを世界に知らしめるイベントとして東京オリンピックが開催され、それに合わせて、新幹線、名神高速道路が開通した。その４年後の1968年にはアメリカに次いで世界第２位のGNPを実現した。

1980年には当時のイギリス並み。そして1990年、正確には1987年には日本の１人あたりGDPは現代資本主義の総本山、アメリカを上回ることとなった。ちなみに、2003年の１人あたりGDPはアメリカが３万7,000ドル、日本が３万4,000ドル、イギリスが３万ドル、ドイツが２万9,000ドル、イタリアが２万5,000ドル、ギリシャが１万6,000ドル、フィリピンが1,000ドルとなっている。

１人あたりGNPがフィリピンを下回っていた国が、戦後の半世紀でアメリカとならぶ——20世紀末は１人あたりGDPでアメリカを上回っていたが、21世紀に入りアメリカが再逆転している。——経済大国になったのだから、戦後の高度成長は「世界の奇跡」といってもよいだろう。

こうして、日本は経済規模でも、１人あたり所得でも20世紀の第４四半世紀には経済大国と自他ともに認める国となった。

貧しい国から豊かな国へ。

そのことの結果として国民、住民の行政ニーズは高度化、多様化、個別化し、それに応えるためには中央集権システムではなく、地方分権システムが強く求められることとなった。

この間の事情を神野直彦は次のように書いている。

「ユニバーサル・サービスは、中央政府では効率的に供給することができない。選別的サービスであれば、全国的に画一された基準で貧困者を限定することができ、しかも、選別的サービスといっても、その中心は貨幣を給付すること、つまり現金給付となっていたため、中央政府が担うことになっていたのである。ところが、ユニバーサル・サービスは地域社会ごとに、家族

やコミュニティなどの共同体機能の実情に対応して、そのニーズが多様に相違する。しかも、ユニバーサル・サービスでは、サービスそのものを給付する現物給付が中心とならざるをえない。」

「そうした現物給付、つまりサービス給付のニーズは、住民の意思決定への参加の機会に乏しい中央政府では把握することができない。住民の決定への参加の容易な身近な政府である地方政府が、住民の決定への参加のもとにニーズを把握し、その供給を決定していくしかない[6]。」

たとえば21世紀の日本にとってもっとも重要な課題の1つである高齢者介護を例にとって考えてみよう。

敗戦直後の貧しかった日本では、仮に介護給食事業があったとしても、国民全体が喰うや喰わずの状況だから、高齢者への介護給食もコッペパンを配ればよいというレベルとなる。コッペパンを配るのであれば、甲市ではAパン会社に、乙町ではBパン会社に発注するよりも、厚生省（当時）があるパン会社に一括発注して、配るときだけ機関委任事務として市町村に配ってもらった方が、国民により安いコストでよりよいサービスを提供することとなる。

行政ニーズが画一的な場合には中央集権システムの方が国民、住民により安いコストでより良いサービスを提供できるという側面がある。したがって戦後の日本の国民生活が貧しかった時代には中央集権システムもそれなりに合理性を持っていたということができよう。

しかし、日本の場合でいえば、1960年代後半には先進国に仲間入りし、国民生活も豊かになり、国民・住民ニーズが高度化、多様化、個別化してきたのだから、この時点で地方分権改革が行われることが本来なら望ましかった。

介護給食事業を例にとっていうと、豊かになったいまの日本で、市町村がコッペパンを介護給食事業として提供するとマスコミにたたかれることになるだろう。豊かになった現在では最低でも温かいご飯、温かい味噌汁を提供することが必要だ。さらにいえば、高血圧の高齢者には塩分の少ない食事

を、糖尿病の高齢者には糖分の少ない食事を提供することが望まれている。行政ニーズの高度化、多様化、個別化ということの具体的意味はこういうことだ。

高血圧の高齢者に塩分の少ない食事を提供することが、霞が関の厚生労働省でできるだろうか。都道府県庁でできるだろうか。高齢者の1人ひとりの身体の状況、家族の状況、病院までの距離等を勘案し、個別・具体のケアプランを作成できるのは市民にもっとも距離の近い政府としての市町村ということになる。そこで2000年から施行されている介護保険法では、高齢者の介護の仕事をそれまでの厚生省（当時）の機関委任事務から市町村の自治事務へと移管した。（福祉分野における地方分権改革）

本当はこうした地方分権改革が日本が豊かになった1970年代に行われていることが望ましかったのだが、残念ながら、政界、財界等の当時の関心は地方分権に向いておらず、地方分権改革は20世紀末になってようやくスタートすることとなった。1990年代のことを経済面に着目して「失われた10年」と呼ぶ場合があるが、地方分権の場合でいえば1970年代から1990年代までの「失われた四半世紀」といえるかもしれない。1971年の「公害国会」、1973年の「福祉元年」を考えれば、「人と地球にやさしいまちづくり」はすでに1970年代から求められていた訳であり、その要請に日本は十分に対応してこなかったという点に着目すれば「まちづくり」という観点からも「失われた四半世紀」といえるかもしれない。

政治・行政分野での改革はニーズ（需要サイド）があるだけでは実現できない場合が少なくない。改革を実現する担い手（供給サイド）、世論がその改革が必要だと認識し、実現に向けて動き出すまでタイムラグ（時間的ズレ）を要する場合が多いことを知ることは大事なことだろう。

この種のタイムラグは民主主義のコストの1つだろう。このコストの存在を明らかにし、コストを小さくする役割を大学の研究、教育は期待されているということができよう。

戦後、豊かになったのは日本だけではない。欧米でもアジアでも、日本の

変化度合いほどではないにせよ、豊かになった。その結果として、国民、住民ニーズが高度化、多様化、個別化し、20世紀末以降、欧米でもアジアでも地方分権改革が行われている。

レーガン改革の新連邦主義、EUの地方自治憲章、韓国・台湾の戒厳令時代の中央集権体制から20世紀末の地方分権体制への移行などは世界的な地方分権改革の動きとしてとらえることができる。(地方分権改革を進めることができる大前提として第1次世界大戦、第2次世界大戦、東西冷戦といった世界全体を巻きこんだ戦争が終結して、世界全体としては平和体制になったということは忘れてはならないだろう。戦争時には当然のことながら中央集権体制をとらざるを得なくなる。)

日本の分権改革も、こうした世界の分権改革の一環としてとらえることができる側面もあるだろう。

日本で地方分権が求められる独自の理由として「人口大国」「空間大国」の2つの理由を見てきたが、「経済大国」、経済的豊かさは、日本だけではなく、欧米でもアジアでも地方分権が求められる理由の1つということができるだろう。

(1)民主主義、自由主義との関係など第1章で検討した項目は時間、空間を越えた、地方分権が求められる普遍的理由であるのに対して、(2)「人口大国」「空間大国」は日本において地方分権が求められる日本独自の理由、そして、(3)経済的豊かさは20世紀末の欧米、日本、アジア等で地方分権が求められる理由ということになる。

20世紀末、日本において地方分権が求められる理由は以上のように、(1)時間的・空間的にいつ、どこでととらわれない普遍的な理由、(2)日本独自の理由、(3)欧米・アジア等に共通する理由の3層の理由が重なっていることに留意しなければならない。

現在進められている三位一体の地方税財政改革などの地方分権改革、今後進められる予定の憲法改正、道州制導入等の改革について、それが(1)〜(3)のどの理由に基づいて行われるべきなのかを把握した上で制度を設計していく

ことが求められているのだと考える。

　私見では三位一体改革は主として(3)の理由に基づき、ＥＵ地方自治憲章等を参考に進められるべきだと考える。道州制は(2)と(3)の観点から、すなわち(1)人口大国、空間大国、経済大国日本の国の形のあり方の問題として、さらには(2)グローバルな都市間、地域間競争の時代に対応できる都市づくり、地域づくりの単位としてどの程度の人口規模、空間規模、経済規模が求められているのか、──欧米では州という単位、中国では省という単位でグローバル競争に参画している。日本でも prefecture（府県）という単位ではなく、region（州）という単位でグローバル競争に参入すべきだろう。──という観点から検討されるべきだと考える。

　憲法改正（地方自治に関する部分）は主として(1)と(2)の観点から議論されるべきだと考える。地方自治が必要な普遍的な理由を踏まえつつ、日本の歴史の中で地方自治がどのような形で存在してきたのか、今後どうあるべきかを国の最高法規としての憲法の中に明記すべきだと考える。

<注>
1) 昇秀樹『新時代の地方自治』25－30頁（東京法令出版、2001）
2) 愛・地球博（2005）南太平洋共同館展示
3) 板倉聖宣『世界の国ぐに：いろいろな世界地図』16頁（仮説社、第4版、2005）
4) おもしろ地理学会編『世界で一番おもしろい地図帳』36頁（青春出版社、2005）
5) 林健久は、明治維新時の日本が中央集権システムをとらざるを得なかった理由を次のように書いている。「強烈な外圧の下でごく短期的に近代国家を形成し、先進諸列強に追い付き追い越さねばならなかった日本に、地方自治や地方財政を最優先し、小さくて弱体な中央政府がその後にしたがうという道を選択する余裕があったとは考えられない。富国強兵・殖産興業の道は、中央集権型国家によってのみ実現可能な

道だったのである。」林健久『地方財政読本』10頁（東洋経済新報社、第5版、2003）
6）　神野直彦『財政学』290頁（有斐閣、2002）

第3章 20世紀末、グローバルに分権改革が進められる理由

1 20世紀末と18世紀末のアナロジー（類推）
──近代資本主義の成立期とグローバル経済の展開期──

20世紀末から21世紀のはじめにかけて欧米・アジア等の先進国を中心に世界中で地方分権改革が進行中である。

筆者が講演とディスカッショナーをつとめたＳＡＰＡ（Seoul Association for Public Administration）主催の国際学会（2003年10月10日、11日の両日、韓国太田市で開催）のテーマも「地方分権と国土の均衡ある発展」であり、日本、韓国、インド、アフリカ、ヨーロッパ、北米、オセアニアの研究者、実務家が各国における「地方分権の進展状況」と「国土の均衡ある発展」について報告、議論を交わしたところである。

グローバルな地方分権の流れの一環として日本でも分権改革が進められていることを忘れてはならない。

むしろ、1980年代にヨーロッパやアメリカではじまった地方分権改革が、東西冷戦終結ともあいまって（戦時体制は中央集権にならざるを得ない部分がある。）グローバル・スタンダード（世界標準）となってアジア、日本、中南米等でも分権改革が進められているととらえた方が真相に近いといえるだろう。

(1)なぜ、ＯＥＣＤ加盟諸国を中心にグローバルな分権改革が進行中なのか、(2)それがヨーロッパからはじまったのはなぜなのか、(3)日本はどう対応すべきなのかを本章では検討してみることとしたい。

(1) 「経済のグローバル化」が「国民国家の存在感を希薄化」させ、「地方政府の役割を再浮上」(分権化) させた

　グローバルな分権化の背景は、「経済のグローバル化」が「国民国家を希薄化」させはじめたことといってよいだろう。

　資本主義の発展、グローバル化が国民国家の希薄化を促し——1段階上のEUなどの超国家機構をつくり出し——、国民国家が果たしてきた福祉、雇用など国民生活のセーフティネットを張る機能をローカル化、下の方に分岐させているといってよいだろう[1]。(図表1)

　神野直彦は次のように書いている。

　「1980年以後の世紀転換期には、国民国家という政治システムの機能を上方と下方に分化させようとする動きが出てくる。こうした動きこそ、この世紀転換期に生じているシステム改革の機動力ということができるだろう[2]。」

　経済のグローバル化が本格化した20世紀末から21世紀にかけて問われているのは「近代国民国家の再編成」というテーマであり、そのコロラリー (系) として地方分権の動きが出てきているととらえるべきだろう。

　その意味では18世紀から19世紀にかけて「近代資本主義の誕生」とともに「近代国民国家が誕生」したのと同じようなプロセスを世界は体験しつつあるといってもよいのかもしれない。

　18世紀後半、イギリスで産業革命が起こり、19世紀、ヨーロッパ大陸に、北米に、さらに日本にまで広がり、20世紀末にはアジアNIES、ASEAN、そしてかつての社会主義国とその親政国、中国、インド、東欧、ロシアにまで近代資本主義が広がろうとしている。

(2) 「近代資本主義」が「封建領主」を滅ぼし (近代国家の誕生)、「現代資本主義」が「近代国家」を希薄化させ、「分権化」を促す

　近代資本主義の誕生 (＝ブルジョワジーの誕生) は、ヒト、モノ、カネ、情報の自由な流通を権力者に対して要求し、それまでの封建領主の関税、関所等を資本主義の成長を妨げるものとして撤廃—— deregulation ＝規制緩

第3章 20世紀末、グローバルに分権改革が進められる理由

図表1　1990年代は「近代国家」の壁が低くなり、広域ブロックと地域、民族が目立つ時代に

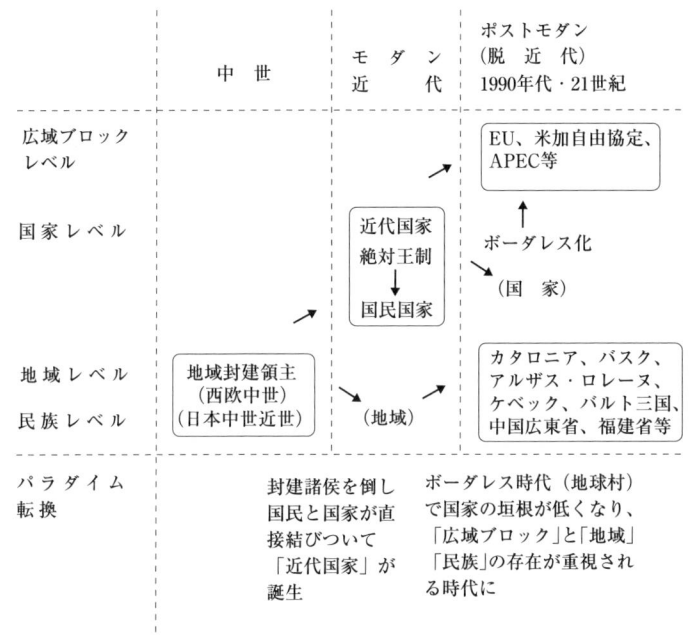

	中世	モダン近代	ポストモダン（脱近代）1990年代・21世紀
広域ブロックレベル			EU、米加自由協定、APEC等
国家レベル		近代国家絶対王制→国民国家	ボーダレス化（国家）
地域レベル民族レベル	地域封建領主（西欧中世）（日本中世近世）	（地域）	カタロニア、バスク、アルザス・ロレーヌ、ケベック、バルト三国、中国広東省、福建省等
パラダイム転換	封建諸侯を倒し国民と国家が直接結びついて「近代国家」が誕生	ボーダレス時代（地球村）で国家の垣根が低くなり、「広域ブロック」と「地域」「民族」の存在が重視される時代に	

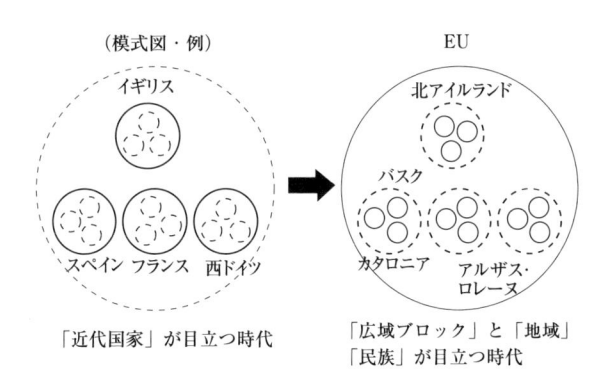

（模式図・例）
イギリス
スペイン　フランス　西ドイツ
「近代国家」が目立つ時代

EU
北アイルランド
バスク
カタロニア　アルザス・ロレーヌ
「広域ブロック」と「地域」「民族」が目立つ時代

出典：昇秀樹『新時代の地方自治』284頁（東京法令出版、2001年）

45

和——させ、資本が自由に活動できる単位としての「絶対主義国家」「近代国民国家」を誕生させた[3]。日本でいえば、江戸幕藩体制を崩壊させ、箱根の関所を廃止し、標準語が日本全国に通じる近代国民国家体制を1868年の明治維新以降つくりあげていった。

こうして19、20世紀は「1国資本主義体制」の下で資本主義が発展してきたが、20世紀末になって交通・通信技術のさらなる発達（巨大なタンカー、ジャンボジェット機の出現、パソコン、インターネットの普及等）にともない、ヒト、モノ、カネ、情報が国境を越えて大量に流通するようになると、現代資本主義とその担い手たち（グローバル企業等）は、近代国家の関税、パスポートチェック等を経済活動を妨げるものとしてその撤廃を要求しはじめた。

「生来的に社会と社会の谷間に誕生する市場経済は、政治システムの枠組みを越えて膨張する。社会システムを統合するために、『正義』を追求する政治システムは、自由・平等・博愛を基準とせざるをえない。これに対して、欲望を追求する経済システムでは、効率・競争・利益最大化が編成原理となる。『正義』を価値基準とせざるをえない政治システムは、価値共有のためにボーダーを必要とする。ところが、欲望を追求する経済システムは、ボーダーを必要とするわけではない[4]。」

サッチャー、レーガンにはじまる「規制緩和」「民営化」という20世紀末以降の新保守主義、ＮＰＭの思想は、こうした資本主義の現代的展開から生まれたものととらえることができるだろう。

2 「ＥＵ統合」と「補完性原理」
　　——近代国家機能の上方と下方への分散——
(1) グローバル化にいち早く対応した（せざるを得なかった）ヨーロッパ

経済のグローバル化の中で、いち早く危機感をおぼえたのがヨーロッパ諸国だった。

アメリカ、日本が躍進する中、世界のGDPシェアを落としつづけたヨーロッパは、アジアNIES、ASEANの台頭をもにらみながら、北米、日本、アジアの経済シェア拡大に対抗するためにヒト、モノ、カネ、情報のヨーロッパ域内の自由化を模索する[5]。

ヨーロッパ統合の動きは第2次世界大戦直後からはじまり、1958年のEEC（ヨーロッパ経済共同体）発足、1968年のEC（ヨーロッパ共同体）へのバージョンアップを経て、1980年代以降市場統合への動きが加速化し、EU発足、通貨の統合＝ユーロの誕生という経過をたどることになる。

ここで注意しなければならないのは、EEC、ECまでの段階では「ヨーロッパ統合の動きは、生産物市場としての共同市場の創設に限定されていた[6]」ということである。

ところが、「1980年代を契機にヨーロッパ統合は、飛躍的展開を遂げ（中略）生産物だけでなく、労働と資本という生産要素の自由な移動を妨げている障害を除去し、生産物市場だけでなく、要素市場を域内統合[7]」することとなり、さらには通貨統合・ユーロの導入まで実現し、国民投票等で否決されたもののEU憲法の創設まで議論される段階にきている。

1980年代に経済のグローバル化が急速に進行し、アメリカ、日本の世界の中でのGDPシェア増大、ヨーロッパのシェア低下、アジアNIESの台頭…という環境の中でEUは、(1)その統合を強化し、(2)範囲を拡大（EU参加国はそれまでの15か国から2004年には東欧10か国を加えて25か国まで拡大。さらにウクライナ、トルコ等の加入も議論されている。）していることに注目しておこう。

グローバル化が進行した1980年代以降、近代国民国家は、(1)経済面では狭すぎ、(2)国民生活を守るには広すぎるという欠点を露呈しはじめる。

ヨーロッパは、(1)の課題に対しては「EU統合」＝広域的な市場の統合という形で答えを出し、(2)の課題に対しては、国民国家のセーフティネット機能の衰退を、国民国家の下方への権限移譲によって補完しようとした。

(2) 「中央政府による現金給付」から「地方政府による現物給付」へ
　　――求められる福祉国家のセーフティネット機能の分権改革――

　「1国資本主義」の段階では、国民に最低限の文化的な生活を保障する福祉国家的施策は、生活保護などの現金給付という所得再配分政策が中央政府によってなされていた。

　雇用・失業対策も公共事業、公園の清掃等の単純作業、量的雇用対策というレベルのものが中央政府によってとられていた。

　ところが、「グローバル経済」の段階となると、(1)他国に比べて高い法人税、所得税等を課すること（生活保護等の財源として）は、グローバルな企業展開上不利となり、担税力の高い企業、高額所得者が国外へ逃げてしまうリスクを負うこととなる。

　そこで20世紀末からは法人税、所得税の減税競争が先進国間でくりひろげられることとなった。（**図表2**）

　さらに、(2)1人あたり所得が1万ドルを超え――日本、アメリカ、イギリスは3万ドル台、ドイツ、フランス、イタリアは2万ドル台、アジアNIESは1万ドル台――国民生活が豊かになると、国民ニーズは高度化、多様化、個別化し、中央政府の提供する画一的な行政サービスでは十分に対応できなくなる。

　こうして、国民への福祉サービスの提供は、(1)財源的にも、(2)行政ニーズの性格からも中央政府では担いきれなくなり、地方政府によってユーザーである住民の要望を聴きながら市民参画の下で現物サービス（介護、医療等）の形で提供されることとなる。

　雇用・失業対策も、単なる量的充足ではなく、1人ひとりの技術、能力、嗜好等に合わせた質的充足も兼ね備えたものが求められることとなる。そのためには権限を、そして税財源を中央政府から地方政府に移譲しなければならない。

　税源としては、経済のグローバル化とともに法人税、所得税（直接税）を減税する中では、消費税（間接税）の引き上げ等で対応していくことになら

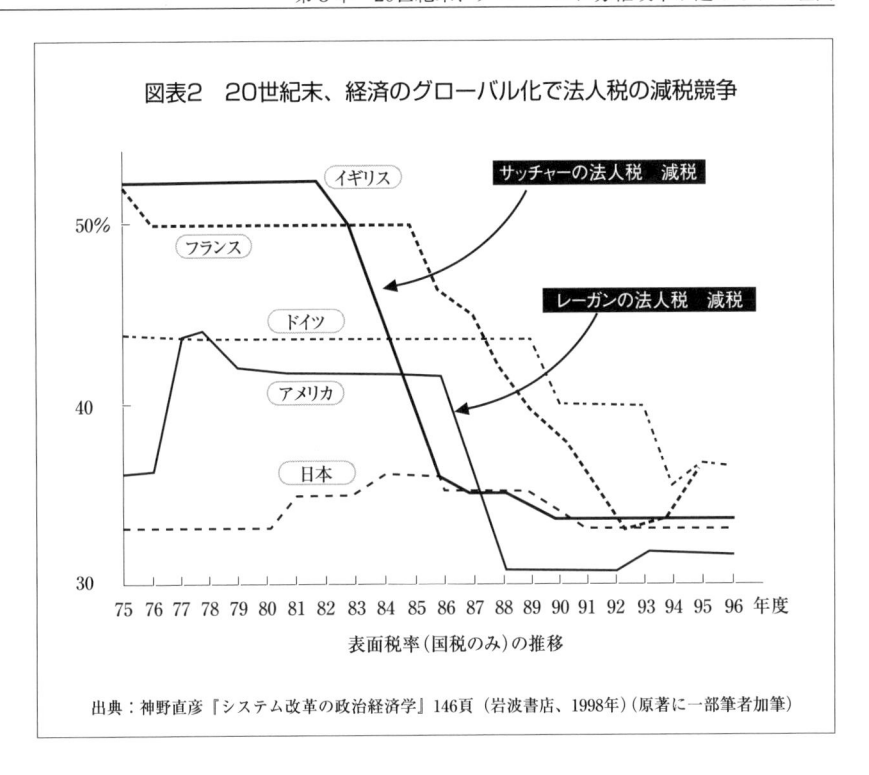

図表2　20世紀末、経済のグローバル化で法人税の減税競争

（グラフ：イギリス、フランス、ドイツ、アメリカ、日本の表面税率（国税のみ）の推移、1975年～1996年度。サッチャーの法人税 減税、レーガンの法人税 減税の注記あり）

出典：神野直彦『システム改革の政治経済学』146頁（岩波書店、1998年）（原著に一部筆者加筆）

ざるを得ないだろう。

3　ＮＰＭに倫理的基礎を与える「補完性原理」
(1)　「補完性原理」と地方分権改革

　こうしてヨーロッパではじまった(1)ＥＵ統合（市場統合）と(2)地方分権改革は、やがて(1)ＮＡＦＴＡ、ＡＰＥＣ、ＷＴＯの設立、あるいは(2)世界各国での地方分権改革、国連での世界地方自治憲章草案の策定と補完性原理の採用…という形でグローバルスタンダード（世界標準）となって世界に広がっていくこととなった。こうした世界の潮流の中で、日本も20世紀末から21世紀初頭にかけて地方分権改革が進められている。

　ＥＵ地方自治憲章で明文化されている「補完性の原理」（Principle of

Subsidiarity) は現在国連で議論中の「世界地方自治憲章草案」でより詳しく記述されている。

「補完性原理」とはキリスト教（カトリック）原理の1つで「個人の自己決定」（＝自律）の中に「人間の尊厳」の根拠を求める考え方である。

「自己決定・自己責任」に原則を置きながら個人で解決できないときのサポート順番を「補完性原理」は明らかにしている。個人でどうしても解決できないときはまず「家族」でサポートを、家族で解決できないときは「地域、ＮＰＯ」でサポートすべきだと主張する。

地域、ＮＰＯでも解決できないとき、はじめて政府がサポートに乗り出す。（官から民へ）

政府の中では市民に距離の近い「基礎的自治体」（日本でいえば市町村）が問題解決に乗り出し、基礎的自治体で解決できないときは「広域自治体」（日本でいえば都道府県）が問題解決に乗り出し、広域自治体で解決できないとき「中央政府」（国）が問題解決に乗り出す。（国から地方へ）

中央政府で解決できないとき、ＥＵが問題解決に乗り出し、ＥＵで解決できないとき、ＵＮ（国際連合）が問題解決に乗り出すというサポートの順番を補完性原理は明らかにする。（**図表3**）

(2)　ＮＰＭ型改革と「補完性原理」の異同

「補完性原理」は小泉構造改革（ＮＰＭ型改革）でいう「官から民へ」、官の中での「国から地方へ」と同じことを主張している訳だが、⑴「官から民へ」「国から地方へ」という問題のとらえ方はマクロ、鳥の目で問題をとらえている（鳥瞰図）のに対して、⑵「補完性原理」は問題解決を個人のレベル、草の根レベルから虫の目で問題をとらえている（虫瞰図）。視点のおきどころが違うといえる。

いま1点、「補完性原理」は宗教原理、善悪を示す考え方であるので、そういう生き方、社会が望ましいという「べき論」を示しているところがＮＰＭとは異なっている。

図表3 「補完性原理」と地域づくり

食料、エネルギー、ケアの地域内自給比率の確保を…
Food Energy Care

「補完性原理」（Principle of Subsidiarity）

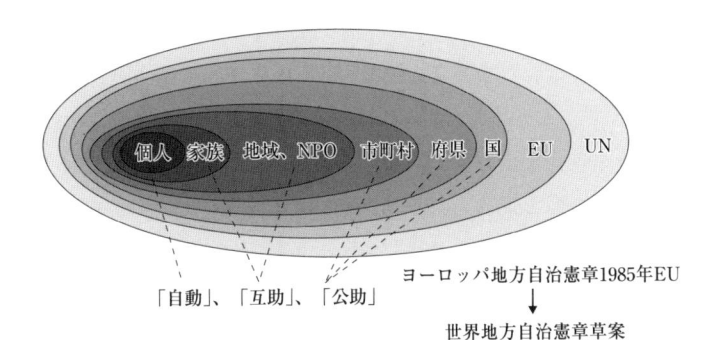

個人　家族　地域、NPO　市町村　府県　国　EU　UN

「自助」、「互助」、「公助」

ヨーロッパ地方自治憲章1985年EU
↓
世界地方自治憲章草案

介護、福祉、医療、保健によるムラオコシ、まちづくり…
↓
「地域」から、関西、日本へ…
世界へ…21世紀の成長産業
日本→欧米→アジア・中国の高齢化…
KOBE BEEF、松阪牛、魚沼産こしひかり…

出典：昇秀樹「グローバル経済の展開と地方分権」市政第53巻第1号（2004年）30頁

　仮に経済が回復し、税収が増えることがあっても個人、地域で解決できることは「官」ではなく「民」でやるのが正しいことだと補完性原理は主張する。
　その意味で「補完性原理」はＮＰＭに倫理的基礎を与えるものといってよいかもしれない。

(3) 世界の動向を把握し、議論と実行を

　日本は国連で検討中の世界地方自治憲章に当初から加盟予定であり、政府の様々な報告書にも補完性原理が引用されている。
　補完性原理に基づき「官から民へ」「国から地方へ」日本の国の形を変え

る構造改革を進めることが求められている。

　「補完性原理」は食料、エネルギー、ケア（介護）など人間の生活にとって欠くことのできないものを安全に確実に確保するためには、可能な限り「地域内自給」の比率を高めるべきことをも主張することにもつながる。

　「人と地球にやさしいサスティナブル（持続可能）な街」をつくろうとする「コンパクトシティ」の考え方もヨーロッパから出てきたものであり、「補完性原理」と親近感を持つ思想といってよいだろう。

　グローバル化の進む中で、日本の構造改革、ＮＰＭ型改革、地方分権改革がどのような形で進められるべきなのか、ヨーロッパ発のグローバルスタンダードである「補完性原理」「コンパクトシティ」等の考え方を日本社会にどのように導入すればよいのか、奥深い議論とスピーディな実行がいまほど求められているときはないと思う。

4　地方自治が求められる3種類の理由を明確に意識して 21世紀の地方自治の制度設計を

　第1章では地方自治が求められる「普遍的な理由」を、第2章では他の国には見られない「日本独自の理由」を明らかにした。第3章では20世紀末以降、欧米、日本、アジアなど各国共通して分権改革が行われている理由を明らかにした。

　序章**図表1**、本章**図表4**に見るように、先行研究では民主主義、自由主義との関係で地方自治の必要性を説くものは多いが、「激変緩和、安定装置としての地方自治」「政策の実験室としての地方自治」「行政の総合化、効率化を図るための装置としての地方自治」を地方自治の必要性の論拠に掲げるものは少ない。

　それらの地方自治の必要性を整理し、一覧性を持たせたところに本書の特色の1つがあるといってよいだろう。

　次に人口大国・日本と地方分権の関係、空間大国・日本と地方分権の関係を説いたものは先行研究には見あたらず、人口大国、空間大国としての日本

第3章 20世紀末、グローバルに分権改革が進められる理由

図表4 地方自治が求められる理由（①普遍的な理由、②日本独自の理由、③20世紀末以降グローバルな分権改革の理由）とそれを記述している関連著作（地方自治関連著作）

区　分 （本書）	秋月謙吾「行政・地方自治」2001	阿部斉「日本の地方自治」1990	原田直彦「地方自治の法としくみ」2003	神野直彦「システム改革の政治経済学」1998	村松岐夫「新版行政学講義」1985	西尾勝・大森彌編「自治行政要論」1986
①（普遍的な理由）民主主義との関係	◯	◯	◯	◯	◯	◯
自由主義との関係（垂直方向の権力分立）	◯	◯	◯		◯	◯
激変緩和、安定装置としての機能	◯				◯	
「政策の実験室」としての機能	◯					◯
行政の総合化、効率化を図る機能						◯
きめ細かなサービス提供装置としての機能			◯			
②（日本で地方自治が求められる理由）人口大国と地方分権						
空間大国と地方分権						
経済大国（1970年代以降）と地方分権				◯		
③（20世紀末グローバルに分権改革が進められる理由）近代国民国家の再編成と分権改革				◯		

記述をしている項目のところに◯を付している。

は他の国以上に地方分権、地方自治が必要であることを明らかにしたところに本書のもう1つの特色があるといってよいだろう。

さらに、地方自治が求められる理由を「(時間・空間的に) 普遍的な理由」「20世紀末の欧米、日本、アジア等で分権改革が行われる理由」「日本独自の理由」の3層に分類し、21世紀の地方自治の制度設計にあたってこの3種の視点を盛り込んだ形で「この国の形」を構築すべきことを述べている点にも本書の特色があるといえる。

第7章でグローバルな地域間競争の時代における競争の単位として道州の重要性を指摘し——20世紀末以降の世界的な分権改革と州間競争——、道州制への移行を提言しているが、その際、人口大国、空間大国、経済大国という日本の特性(地方自治が求められる日本独自の理由)を考えれば、道州には他の国の中央政府に匹敵するほどの自由度、権限を与えることも検討対象となってよいだろう。

こうして地方自治が求められる理由を3層に分類し、認識することは現在の分権改革を認識する上でも、21世紀の自治を制度設計する際にも大事なことといわなければならない。

<注>
1) 昇秀樹『新時代の地方自治』284頁(東京法令出版、2001)
2) 神野直彦『システム改革の政治経済学』160頁(岩波書店、1998)
3) 昇秀樹「グローバル経済の展開と地方分権:EU地方自治憲章と日本の課題」市政53巻1号(2004)24頁
4) 神野(1998)160頁
5) 昇(2004)25頁
6) 神野(1998)161頁
7) 神野(1998)161-162頁

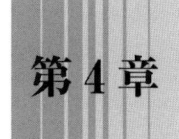

第4章 地方自治の座標軸
——日本の地方自治の歴史と世界の中での位置——

1 極東極西の国、日本
──日本は世界文明の吹きだまり？──

　第1章から第3章では、20世紀末から日本で地方分権改革が行われている理由を(1)普遍的な理由、(2)日本独自の理由、(3)20世紀末以降の欧米・日本・アジア等に共通する理由に分けて分析してきた。

　本章では、(1)現在の日本の地方自治がどのような歴史的経緯を経て現在の姿になったのか、そして(2)日本の地方自治が世界との比較の中でどのような位置を占めているのか、日本の地方自治の座標軸──時間軸、空間軸による日本の地方自治の位置づけ──を明らかにすることとしたい。

　第6章以下で今後の日本の地方自治のあり方について提言を行うこととするが、その前提作業として日本の地方自治の歴史と世界の中での位置づけを知ることは必要不可欠なことといわなければならない。

　地方（自治）制度というものは、1国の国家統治制度や国民の文化思想体系等に取り囲まれて存在しているもので、地方（自治）制度そのものが単体で独立して存在している訳ではない。

　その意味で地方（自治）制度を過去及び他国と比較する際には、おのずと地方（自治）制度を含む国家体制のあり方全体を比較しなければならない。

　こうしたことを踏まえた上で、以下に日本の地方自治の歴史と世界の中で占める位置（世界比較）について記述してみることとしたい。

　日本は文明圏の中心国家か、周辺国家かと問われれば、「周辺国家」と答えざるを得ない。「極東の国」という言葉そのものが「周辺国家」であることを示している。

　日本はその長い歴史において、常にモデルとすべき文明圏を求め、その模

倣、導入に努力してきた。（単なる模倣ではなく、日本型に変形しての導入であるところに日本文明の特徴があったところは注意を要するところだが。）

　大雑把にいえば、明治以前は中国・インド文明が、明治以降は欧米文明が──第2次世界大戦前はヨーロッパ文明が、大戦後はアメリカ文明が──模倣・導入すべき対象となった。

　その結果、日本は世界の多数の大文明が集積する国──世界文明の吹きだまり？──となった。宗教を例にとれば、日本人は日本固有の神道のほか、仏教、儒教、キリスト教という世界の大宗教を理解できるし、身近に感じている。

　その意味で日本は、あるときは「東洋」から、あるときは「西洋」から文明を導入する「周辺国」──インド・中国文明、ヨーロッパ文明からすれば「極東の国」、アメリカ文明からすれば「極西の国」──であるといえよう。

（図表1）

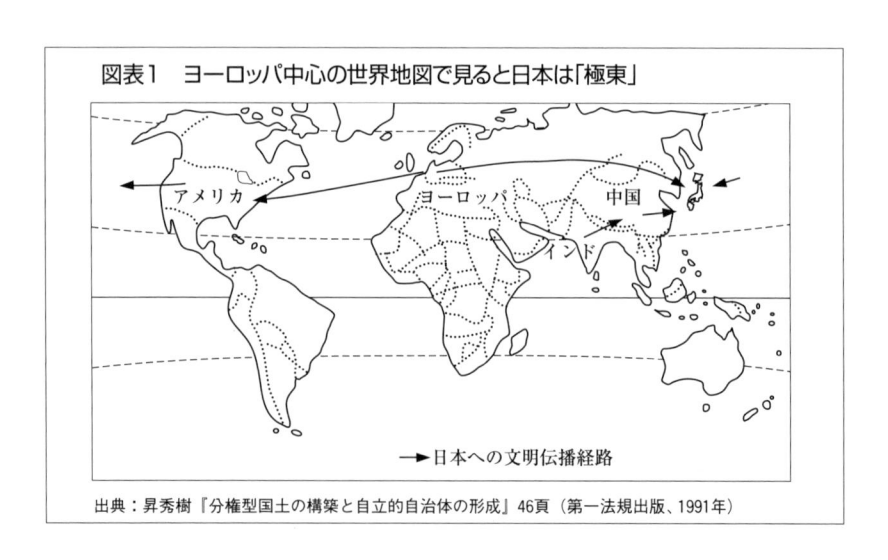

図表1　ヨーロッパ中心の世界地図で見ると日本は「極東」

→日本への文明伝播経路

出典：昇秀樹『分権型国土の構築と自立的自治体の形成』46頁（第一法規出版、1991年）

2　東西から地方制度を導入した日本

　先に触れたように、地方（自治）制度というものが国家の統治制度や国民の文化思想体系の中で存在している以上、地方（自治）制度についても過去及び他国と比較する際には地方（自治）制度を含む国家体制のあり方全体を比較しなければならない。

　7～8世紀頃、日本が独立国としての様相を取りはじめた頃の国家、地方制度は唐にならった律令制に基づくものだった。当時の主要な歴史的事件を時系列でならべると次のようになる。645年大化の改新、663年白村江の戦い、667年近江大津宮に遷都、701年大宝律令の完成、710年藤原京から平城京への遷都、720年日本書記の完成。

　「2官8省の制」と呼ばれる中央官制とあわせて「国－郡－里」の3階層からなる地方官制（官治システム）が採用されることとなった。

　全国を61の国に分け、さらに国を郡と里に細別してそれぞれに長が置かれた。国の長官は中央から派遣され、郡と里には地方の豪族や有力者があてられた。

　国、郡、里はすべて国の機関であり、土地制度としての「公地公民」は、すべての土地、すべての民は「公」＝国家、天皇家のものという中央集権体制がひかれた。その背景は「白村江敗北（663年）以後の日本では九州北部から瀬戸内周辺に朝鮮式山城が構築され、都も近江大津へと移される」という対外的な危機感だった[1]。隋、唐という強力な王朝が周辺地域を侵略するという当時の東アジアの環境の中で、日本は国防のため、中央集権体制をとることとなった。

　中国への交流の拠点を博多津から内陸の太宰府に移し、「太宰府防衛のため、664年に水城を、665年に朝鮮式山城の大野城を築城」するとともに、首都移転まで行っている[2]。畿内からはじめて近江、大津の地に首都を移転したのは国防のためである。

　官治型地方制度としての国は、伝統的な地域的まとまりをそのままあてはめたものであり、その区分は1300年を経た現在の都道府県単位の地方行政区

分ともおおむね一致する。たとえば四国の4県は阿波、讃岐、伊予、土佐の4国が徳島、香川、愛媛、高知の4県となっている。近江の国が滋賀県に、飛騨と美濃の国を合わせたものが岐阜県に、尾張と三河の国を合わせたものが愛知県になっている。

日本人の奥底にひそむ「お国意識」──「お国なまり」「お国はどちらですか？」など──は、1300年以上の歴史を持っているということになる。

やがて、唐が後半、内紛等で対外侵略できる情勢でなくなると、日本は「本来の国の形」である地方分権型（団体自治型）に戻っていくこととなる。

生産基盤である土地制度でこの状況を見ると、奈良時代に公地公民の例外として「三世一新法」（723年）「墾田永年私財法」（743年）が施行され、私有地（荘園）が認められるようになる。

平安時代になると、藤原氏のような貴族、東大寺のような寺社が巨大な荘園を持ち、それぞれの荘園を貴族、寺社等が管理する分権型の国土構造が見られるようになる。荘園の警護を担当していた武士が力を持つようになり、公家社会から武家社会への移行がはじまる。武家の封建社会も基本的に土地を媒介とする分権型社会ということになる。

公家社会から武家社会へと実権が徐々に移動するとともに──公家（太政官政府）から武家（幕府）への権力移動は、一挙に行われたのではなく、武家政権の担い手が、鎌倉幕府から室町幕府を経て江戸幕府へと変わるにつれて、次第に幕府側の権力の比重が大きくなり、江戸幕府に至って、はじめて権力の移動がほぼ完成するという漸進的な移動であった──、有力武士は自主自営の領土経営を行うようになり、分権的な戦国時代等を経て、徳川家による半中央集権的、半分権的な「幕藩体制」へと移行する。

この「幕藩体制」は、(1)幕府と将軍への権力集中と、(2)藩と大名への権力の分散という微妙なバランスの上に成り立ったものだった。つまり、(1)藩は幕府の統制下にあり、幕府は将軍の一存で大名の領国を変更したり、領国自体を召し上げることさえできるという中央集権的色彩を持つと同時に、(2)藩

は幕府に対して一定の政治的自治を持っており、幕府の法令は直轄領においてのみ有効であり、幕府の役人は非常時以外は藩政に介入できないという分権的色彩をあわせ持ったものだった。藩は幕府の法を尊重し、自国においてもこれを適用したが、同時に藩はそれぞれ藩法を持ち、地方行政官を自ら任命していた。(団体自治的色彩)

「近・現代日本の地方自治は、この藩の地方行政の伝統のうえにきずかれた」という一面を持っていると思われる[3]。たとえば、現在の県庁所在地の大半は幕藩体制時の藩の城下町であり、しかもその丸の内に県庁が置かれている場合が多数見られる。静岡県庁、福井県庁などは城跡に県庁が置かれている。

武家社会における封建制の確立と「幕藩体制」への変遷は、文明圏の中心国家の模倣ではない、日本独自の歴史の発展形態といってよいだろう。この間の歴史の発展過程はヨーロッパにおける封建制の成立と酷似している。ヨーロッパと日本だけが19世紀中に「近代化」に成功したのは、この「封建制の成立」という歴史過程に原因が求められると梅棹忠夫は指摘している[4]。その点、中国、韓国とは好対照といえる。中国、韓国はこの種のタイプの「封建制」を経験しないまま、植民地化されたが、日本は「封建制」の経験を近代化に生かし、近代国民国家の形成に成功し植民地化を免れた。

ただ、この期間においても、形式としては天皇家・公家は残されている。実権が武士に移った後も、中国文明型の律令国家の体系が形の上では残存していたことは注目することが必要だろう。幕府は1度も律令を否定しないままに新しい法律、「式目」をつくっていった。建前は律令の施行細則である「式目」という形式を採用し、実質的な新法を制定していった訳である。北条泰時が弟の重時にあてた手紙に「御成敗式目」が「武家の人への計らひのため」につくられたものであって、「これにより京都の御沙汰(天皇を頂点とする律令政府の命令)、律令のおきて、いささかもあらたまるべきにあらず」と書いている。

名目的ではあるが、天皇の地位は将軍より高位にあり——権威は天皇に、

権力は幕府・将軍に──、明治維新を迎えるまで、日本には江戸と京都という2つの都が併存していたことになる。このことが明治維新の際に「王政復古」という形で正統性を持つ新政府の樹立を可能とさせる要因となった。

明治に入り、「和魂洋才」の掛け声とともに、ヨーロッパにモデルを求めるようになると、プロイセンを模範として、官選知事等を内容とする集権的な地方制度が導入されることとなった。この中で、明治体制下の府県制度は「徳川時代の大名領国の境界を徹底的に無視して、律令制の国の境界を尊重

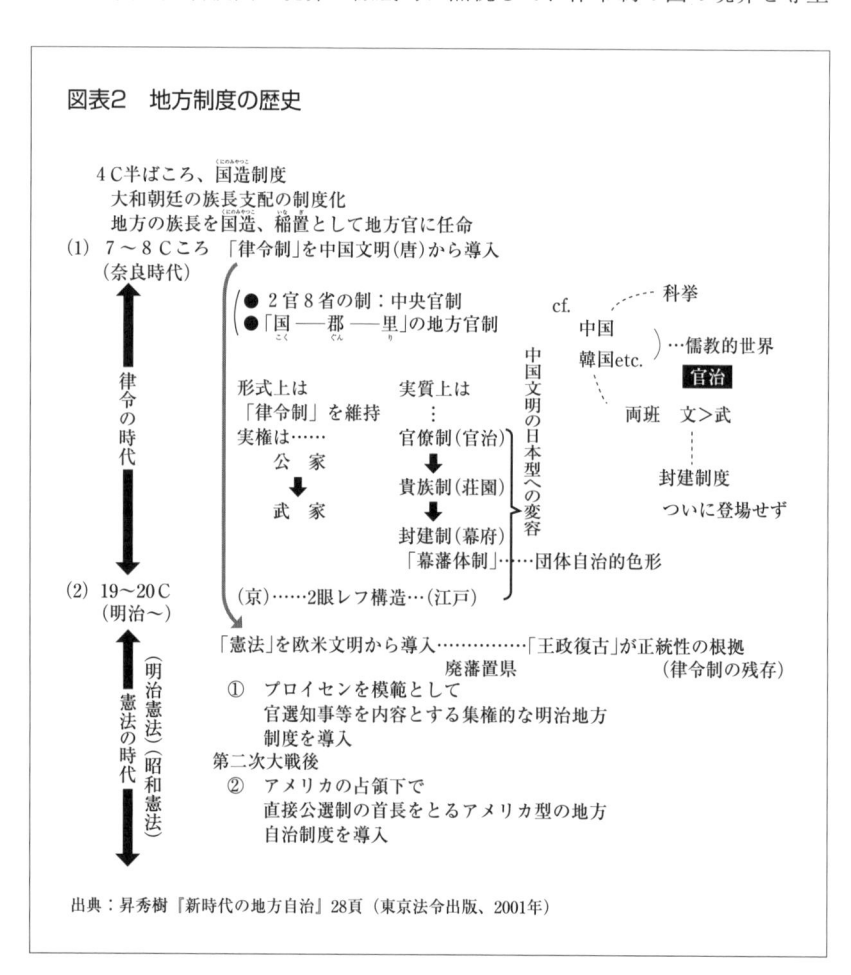

図表2　地方制度の歴史

律令の時代

4C半ばころ、国造制度
大和朝廷の族長支配の制度化
地方の族長を国造、稲置として地方官に任命

(1) 7〜8Cころ　「律令制」を中国文明(唐)から導入
（奈良時代）

● 2官8省の制：中央官制
●「国──郡──里」の地方官制

cf.
中国
韓国 etc.　科挙
）儒教的世界
官治

形式上は　　　　　実質上は
「律令制」を維持
実権は……　　　　官僚制(官治)
　　公　家　　　　　↓
　　　↓　　　　　　貴族制(荘園)
　　武　家　　　　　↓
　　　　　　　　　　封建制(幕府)
　　　　　　　　　「幕藩体制」……団体自治的色形

中国文明の日本型への変容

両班　文＞武

封建制度
ついに登場せず

(京)……2眼レフ構造…(江戸)

明治憲法・昭和憲法の時代

(2) 19〜20C
（明治〜）

「憲法」を欧米文明から導入…………「王政復古」が正統性の根拠
　　　　　　廃藩置県　　　　　　　　　（律令制の残存）
① プロイセンを模範として
　官選知事等を内容とする集権的な明治地方制度を導入
第二次大戦後
② アメリカの占領下で
　直接公選制の首長をとるアメリカ型の地方自治制度を導入

出典：昇秀樹『新時代の地方自治』28頁（東京法令出版、2001年）

しつつ西欧風の地方制度を構築した[5]」との指摘がなされている。

幕藩体制を一掃し、近代的な中央集権体制を目指す新政府としては当然の判断というべきかもしれない。「王政復古」ということを正統性の根拠に置いていることも関係しているのだろう。

この道府県の区分は第2次世界大戦後も引き継がれており、したがって、現在の都道府県の境界は先にも触れたように、律令制の境界が基になっているということがいえる。

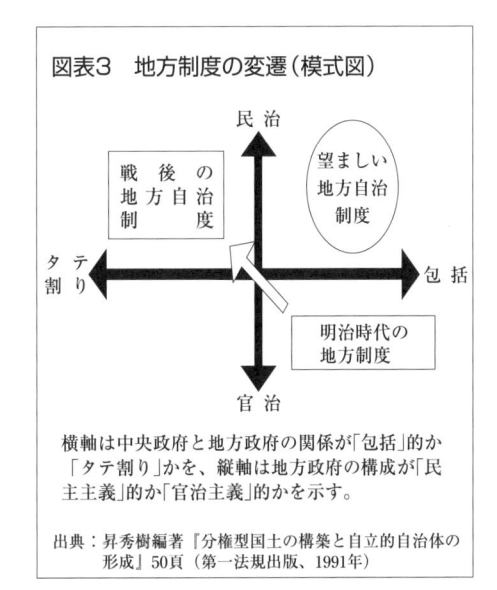

図表3 地方制度の変遷（模式図）

横軸は中央政府と地方政府の関係が「包括」的か「タテ割り」かを、縦軸は地方政府の構成が「民主主義」的か「官治主義」的かを示す。

出典：昇秀樹編著『分権型国土の構築と自立的自治体の形成』50頁（第一法規出版、1991年）

さらに、第2次世界大戦に敗れ、アメリカの占領下で憲法改正、それにともなう地方制度の改革が行われ、直接公選の大統領制（首長制）をとるアメリカ型の地方自治制度が導入され、現在に至っている。昭和20年代後半以降、日本の国情に即したものとするため、一部手直し等は行われているが基本的な枠組みは戦後改革のものが現在も生きているといってよいだろう。

現在の地方自治制度は、第2次世界大戦前におけるプロイセンを模範とした集権的なシステムを、占領下でアメリカ的とされる地方自治イメージによって改革したものということができよう。だから現在の日本の地方自治制度はフランス、ドイツなどのヨーロッパ大陸法とイギリス・アメリカなどの英米法の双方の要素が加味されたものということができる。このあたりにも「世界文明の吹きだまり」としての日本の特色を見ることができる。（**図表2**）

明治時代の地方制度が官選知事等を内容とする中央集権型システムをとっていたのに対して、敗戦後の地方自治制度は、知事公選等の面では民主化が

図表4　日本の政府間財政関係主要財政指標の推移（1890－1989年）　(%)

項　目	1890	1900	1910	1920	1930	1940	1950	1960	1970	1980	1985	1989
①GNPとの比較												
純財政支出/GNP	11.5	17.2	21.5	14.2	21.5	22.1	23.6	18.8	20.3	29.4	27.6	28.6
純中央支出/GNP	7.5	7.5	14.2	8.2	9.5	13.7	10.4	5.9	5.9	9.9	10.2	10.9
純地方支出/GNP	4.0	4.0	7.3	6.0	12.1	8.4	13.2	12.8	14.4	19.5	17.4	17.6
②経費の経済性質別												
最終消費支出	67.4	67.0	60.1	64.9	70.2	84.2	52.2	43.3	44.2	37.1	35.5	35.7
固定資本形成	15.6	15.6	24.5	29.1	20.8	10.6	29.1	35.8	26.6	23.1	17.5	19.7
振替支出	14.1	14.1	12.4	5.6	8.8	4.5	10.4	18.3	29.1	39.7	42.5	44.5
③全政府経費の機能別												
行政費	25.5	11.6	10.7	8.3	7.0	6.6	14.0	13.1	9.7	8.1	8.0	14.4
公債費	15.7	10.2	23.5	6.0	21.1	16.5	6.6	3.7	4.0	10.7	15.9	15.9
軍事費	20.8	31.4	22.9	30.5	13.3	35.0	10.6	4.8	3.5	2.8	3.2	3.4
社会費	9.3	13.1	14.8	19.3	25.6	16.4	27.5	39.3	39.1	43.5	41.1	36.3
経済費	6.2	15.1	8.4	8.8	9.3	9.7	15.6	11.5	14.3	11.6	9.9	7.7
国土開発費	17.7	11.2	10.2	12.9	12.8	8.8	21.0	22.0	26.6	22.4	20.9	18.9
その他	4.8	7.4	9.5	14.2	10.9	7.0	4.7	5.6	2.8	0.9	1.0	3.4
④当初財源配分												
国税/租税収入	69.4	63.2	70.5	62.1	64.3	78.5	75.2	70.8	67.5	64.1	62.6	64.2
地方税/租税収入	30.6	36.8	29.5	37.9	35.7	21.5	24.8	29.2	32.5	35.9	37.4	35.7
所得税/租税収入	0	2.0	5.9	5.9	10.0	26.9	38.6	21.7	31.2	38.1	39.4	36.9
⑤財源再分配												
中央支出に占める補助金・交付金	3.7	2.7	1.8	4.0	10.6	13.8	35.1	47.2	48.7	44.0	38.5	36.0
中央支出に占める交付税	－	－	－	－	－	6.1	17.1	17.8	22.0	18.7	17.8	20.4
地方歳入に占める補助金・交付税	6.7	5.4	2.8	4.7	8.2	21.2	40.8	39.3	37.7	40.8	34.7	31.8
地方歳入に占める交付税	－	－	－	－	－	9.2	19.9	14.8	17.0	17.3	15.5	18.0
⑥再分配後の財源配分 国税/租税収入	68.4	62.2	70.1	61.3	60.8	74.9	65.2	57.0	51.1	46.0	45.3	47.5

（資料）総務庁統計局

図られたといえるが、内務省の解体等により中央政府各省庁の縦割り行政の弊害が、地方に直接影響を与えるようになったという意味で、明治時代の地方制度とは異なった意味での縦割り型中央集権という側面を持っていることは注意すべきだと思われる。（**図表3**）

　なお、日本の地方政府の支出は、1930年代から現在に至るまで第2次世界大戦中の一時期を除いて中央政府の支出を上回っていることは注目すべきであろう。（**図表4**）

3　ジャパン・アズ・ナンバー１？

　明治以降140年、あるいは敗戦後60年、日本は欧米に追いつき、追い越せと一生懸命努力してきた。

　この間、「欧米」と「日本の現実」との違いを探し出し（たとえば終身雇用、年功序列、企業別組合など）、そこに日本の「後進的特殊性」を見出し、その改善・近代化が必要であるという論調が主流を占めた。

　ところが第１次、第２次の石油ショック、さらには円高・ドル安ショックをも経て、欧米経済が停滞する中で、ひとり日本製品だけが世界中を闊歩し、日本が世界最大の債権国という状況が出現するに及んで、こうした論調は180度の転換を見せることとなった。

　たとえば「日本の後進的特殊性」とされた「終身雇用」「年功序列」「企業別組合」が欧米諸国にはない日本の会社の強みとされ、「日本的経営論」がもてはやされたり、「ジャパン・アズ・ナンバー１」との指摘もなされるようになった。１人あたり所得もアメリカを抜き世界最高水準、ＯＤＡも世界１という1980年代後半（バブル期）には「欧米に追いつき、追い越した日本経済」との論調が主流を占めるに至った。

　しかし、バブルがはじけて1990年代が「失われた10年」といわれるようになって、再度、終身雇用、年功序列などが特殊日本的なものとされ、グローバル競争の時代にはグローバルスタンダード（世界標準）に合わせないと日本は生き残れないという論調が多数を占めるようになった。

4　世界の中での日本の地方自治

　さて、地方自治（制度）についてはどうだろうか。こちらの方では依然として、イギリスやアメリカにおいて存在すると考えられている地方自治システムを欧米諸国における典型として設定し、そのイメージと対比した相違点を日本における後進的特異性とするパターンの議論が根強い力を持っているように見受けられる。

　こうした理解が果たして正しいのだろうか。地方自治制度が、１国の国家

統治制度や文化・思想体系等に取り囲まれて存在している以上、後者が欧米に追いついたのだとすれば、そのサブ・システムとしての地方自治（制度）についても同様な側面が見られてよいのではないか。

　こうした観点から、地方政府（自治体）の権能、固有財源、財政規模等について検討を加えてみることとしよう。

(1) 地方政府（自治体）の権能

　地方政府の処理する事務の範囲を定める方法には、(1)包括授権方式と、(2)個別授権方式の２つの種類がある。

　フランス、ドイツなどのヨーロッパ大陸諸国では(1)の方式（ヨーロッパ大陸法型）が採用されており、日本の地方制度は戦前の市制町村制、府県制はもちろん、戦後の地方自治法もこれを踏襲している。（地方自治法第２条）

　これに対し、たとえば英国では、「地方自治体は、（中略）成文法に具体的に明示されている事務およびそれに付随する事務のみを適法に遂行することができる。しかも、成文法による機能付与の方法は、我国の地方自治法のごとく概括的・例示的な規定によらず、個別的・限定的な規定のしかたをしている。（中略）このため、地方自治体が成文法上で明認されていない先駆的な行政を行おうとする場合は、自治体にのみ適用されるべき地方法の制定を国会に求めなければならない。そのような場合でも、手続きは煩雑かつ経費がかかるうえ、国会で可決されない場合も多い。一部の論者は、地方自治体に『包括的権能』（general competence）を付与すべきことを提言してきている[6]」といわれる。

　だとすれば、地方政府への権能付与方式については、日本の地方自治制度がイギリスに比較して遅れているとは一概にいえないように思われる。むしろ、日本の方がこの分野では進んでいるといってよいだろう。

　さて、それぞれの地方政府の権能の大小を見る包括的な指標として、財政支出の規模を見てみることとしよう。

　図表5はＩＵＬＡ（国際地方団体連合）の1969年調査結果であり、**図表6**

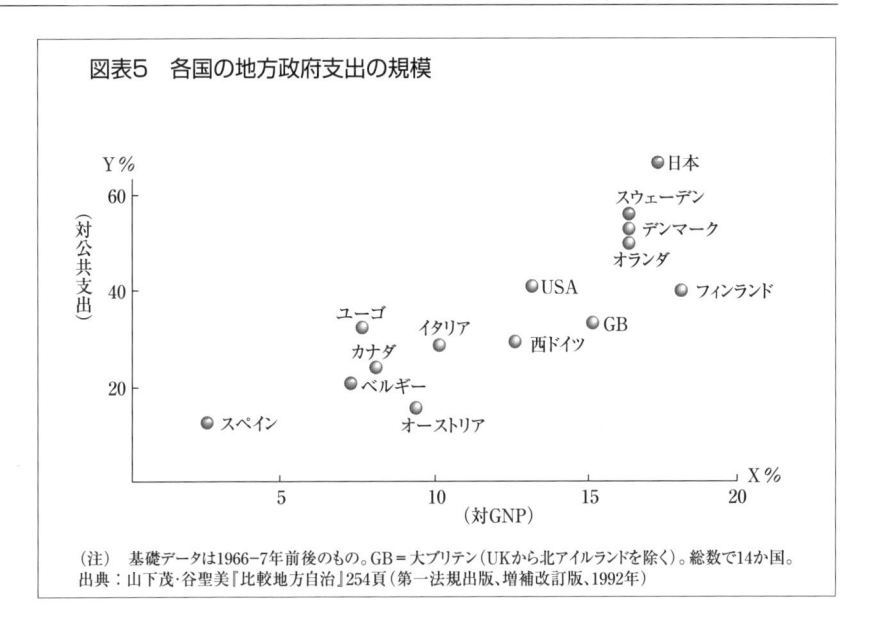

図表5　各国の地方政府支出の規模

```
Y%
(対公共支出)
60                                              ●日本
                                              スウェーデン
                                                ●
                                                 デンマーク
                                                ●
                                                 オランダ
40                          ●USA              ●フィンランド
          ユーゴ   イタリア         ●GB
           ●    ●            西ドイツ
          カナダ              ●
           ●
20         ベルギー
           ●
      ●スペイン    オーストリア
                 ●
                                              X%
      5        10        15        20
                (対GNP)
```

(注)　基礎データは1966−7年前後のもの。GB＝大ブリテン（UKから北アイルランドを除く）。総数で14か国。
出典：山下茂・谷聖美『比較地方自治』254頁（第一法規出版、増補改訂版、1992年）

はＯＥＣＤ（経済協力開発機構）の1996年の調査結果である。両図から見る限り、日本の地方政府の支出の規模が（1960年代でも1990年代でも）対ＧＤＰ比で見ても、対公共支出比で見ても世界で珍しいくらい大きいものであることがわかる。

なお、地方政府の権能に関連する問題として、2000年3月まで存在していた機関委任事務の問題について付言しておこう。

機関委任事務とは中央政府（国）の下部機関としての知事、市町村長が中央政府（主務大臣）の指揮監督の下に行動するという仕事の処理方式であり、ヨーロッパ大陸法の国々で見られるシステムである。日本において、機関委任事務は中央集権的制度の代表的なものとしてよく批判されてきたところだが――都道府県で約80％、市町村で約40％が機関委任事務であったとされる――(1)法制度として見た場合、ヨーロッパ大陸法系の地方制度をとる国においては珍しい仕組みではなく、さらに(2)地方政府における行政運営の中では「団体事務と機関委任事務との区別は殆どなく、主務大臣の指揮監督権

図表6　一般政府支出総額に占める地方政府支出の割合 (%)

		1960年	1970年	1975年	1980年	1985年	1990年
アメリカ	経常支出	28.4	34.6	37.4	36.5	33.9	36.0
	資本支出	8.3	7.2	5.6	4.4	3.7	4.2
	計	36.7	41.8	43.0	40.9	37.6	40.2
ドイツ	経常支出	35.6	32.9	34.6	34.2	34.5	33.7
	資本支出	8.5	13.2	11.5	10.8	7.4	7.3
	計	44.1	46.1	46.1	45.0	41.9	41.0
カナダ	経常支出	38.3	70.3	66.7	68.7	64.4	65.5
	資本支出	11.3	8.7	7.9	6.1	5.1	4.8
	計	49.6	79.0	74.6	74.8	69.5	70.3
日本	経常支出	-	36.7	37.9	33.0	32.0	30.1
	資本支出	-	22.9	19.0	19.1	14.9	16.6
	計	-	59.6	56.9	52.1	46.9	46.7
イギリス	経常支出	21.1	24.8	27.0	25.5	24.1	24.7
	資本支出	7.1	9.2	7.8	4.0	2.7	3.0
	計	28.2	34.0	34.8	29.5	26.8	27.7
フランス	経常支出	11.8*	10.7	10.6	11.6	11.9	12.4
	資本支出	6.3*	6.6	6.5	5.2	4.6	5.2
	計	18.1*	17.3	17.1	16.8	16.5	17.6

(注) 1) アメリカ、ドイツ、カナダは州政府支出と地方政府支出を合計している。
　　 2) 経常支出は、経常支出マイナス政府純貯蓄からなる。
　　 3) 資本支出は、粗資本形成、土地・無形資産の購入、資本移転の合計額とする。
　　　　フランスは、統計上の制約のため、1960年のみ61年の数字を利用して求めている。
(資料出所) OECD, National Accounts、より作成。
出典：林健久編『地方財政読本』27頁（東洋経済新報社、第5版、2003年）

についても、名目的な場合が多い[7]」という指摘もなされていた。

　さらに、1991年3月の地方自治法改正で機関委任事務についても、地方議会の検閲検査権、監査請求権及び監査委員の監査が及ぶようになった。この改正は、機関委任事務の実態が地方政府における行政運営の中では自治事務とほとんど大差なく執行されていることを踏まえての改正であったといえよう。

　機関委任事務の存在を過大に評価し、それゆえに日本の地方自治は欧米、特に英米に比較して遅れているという見方は一考を要するように思われる。

　もちろん、だからといって機関委任事務がそのままで放置されてよいという訳ではない。1990年代の改革ブームの中で地方分権改革も政治的イシューの1つとなり、1999年（平成11年）の地方自治法改正で機関委任事務は廃止

され、自治事務と法定受託事務に移行することとなった。

20世紀末から21世紀初頭の地方分権改革は、ヨーロッパ大陸法系の融合型——中央政府と地方政府が共同、融合して国民・住民の福祉の充実を図ろうとするタイプの中央・地方政府関係——をベースに持つ日本の地方自治制度を、英米法系の分離型——中央政府の仕事と地方政府の仕事をはっきり分離し、それぞれが自己の担当する仕事を独立して処理するという中央・地方政府関係——に近づけようとするものといってよいだろう。この思想、考え方は、主として西尾勝を中心とする東大学派の現状認識と処方箋を踏まえたものと評価することができる。

日本の地方制度の成り立ちをあらためて確認すると、(1)都道府県などの行政区画割り、大蔵省（現財務省）などの行政名称などは7～8世紀に導入された中国の律令制の影響を現在まで受けており、さらに(2)明治以降はフランス、ドイツなどのヨーロッパ大陸法系のシステム（事務の包括授権方式、2000年3月まで存在した機関委任事務制度等）を導入し、これが現在の日本の地方自治システムのベースを形作っている。

ヨーロッパ大陸法系をベースに持つ日本の地方自治システムに英米系の法システムが敗戦直後と20世紀末、2回接ぎ木されて現在の日本の地方自治システムがつくられているととらえることができる。

(3)第2次世界大戦後、GHQ占領下で直接公選の知事、市町村長などの大統領制（首長制）、納税者訴訟制度などのアメリカの地方自治システムが接ぎ木され、さらに(4)20世紀末以降の地方分権改革の中で機関委任事務の廃止、国庫補助金の廃止・縮小と地方税の充実など「分離型」の英米法系のシステムにさらに近づけようとする改革が進行中である。

本章の冒頭で日本文明は「世界文明の吹きだまり」としての性格を持つことを示したが、地方自治制度の中にも東洋文明、ヨーロッパ大陸文明、英米文明の影響を見ることができる。

ちなみに、世界の法体系は大きく分けて英米法系の国とヨーロッパ大陸法系の国に分類できる[8]。欧米列強の植民地であった国は、かつては宗主国の

法システムを押しつけられ、現在でも旧宗主国の法体系を使っている国が多数である。その結果として21世紀の現在でも世界の法体系は大きく分ければ英米法系の国とヨーロッパ大陸法系の国に分けることができる。

その中で日本の法体系は明治維新以降のヨーロッパ大陸法体系をベースに置きつつも、第２次世界大戦後の改革、20世紀末以降の「第３の改革」と２度にわたって大幅に英米法システムを接ぎ木しようとしており、その意味では大変ユニークな法体系の国ということができる。これが可能であったのは日本が帝国主義の時代にも独立を維持し、欧米文明を自主的に導入したからである。

地方自治制度については先に見たとおりだが、それ以外の分野でも同様の傾向を見ることができる。大日本帝国憲法はドイツ・プロイセンのそれを参考にしてつくられ、日本国憲法はアメリカ法の思想が強く打ち出されている。民法はフランスのそれがモデルであり、刑事訴訟法は戦後、アメリカ法の考え方が強く導入された。商法はフランスがモデルであったが21世紀につくられた会社法はアメリカ法の影響が強い。(**図表7**)

そしてヒト、モノ、カネ、情報が国境を越えて大量に行き交うグローバル

図表7　日本法へのヨーロッパ大陸法と英米法の影響

	明治	昭和	平成
憲法	(ドイツ・プロイセン) 明治憲法	(アメリカ) → 昭和憲法	→ 平成の憲法改正？
行政法	ドイツ法の影響 ──────────────→		行政手続法、情報公開法 などアメリカ法の影響
刑法	ドイツ法 ────────────────────────────────→		
刑事訴訟法	ドイツ法 → アメリカ法 ──────────────────→		
民法	フランス法 ──────────────────────────────→		
商法	フランス法 ──────── 会社法(アメリカ法) ─────→		
民事訴訟法	ドイツ法 ──────────────────────────→ アメリカ法 →		
地方自治法	ドイツ法 → アメリカ法(公選知事等) ──────→ 英米法(機関委任事務の廃止等)		

化の時代にあって、(1)EU統合が進展し——イギリス法とヨーロッパ大陸法の調整、統合が課題[9]として浮上——、(2)EU以外の国も含めて法システムの調整が世界各国で行われる時代となってみれば、ヨーロッパ大陸法と英米法の調整、融合に半世紀も前から取り組んできた日本はこの点で世界の先進国というとらえ方をすることができるかもしれない。

「文明の吹きだまり」としての日本はその特色を理解し、そのことを世界の中で特色、強みとして打ち出していく視点を持つことが肝要だろう。

(2) 地方政府（自治体）の固有財源と財政規模

日本の地方の固有財源が乏しく「3割自治」などと呼ばれ、それが日本の地方自治の後進的特色とされることがある。

しかし「世界の中で、固有財源が十分に存在すると言明する地方自治体関係者が存在する国を捜すことは、おそらく容易ではあるまい[10]」。

そこで、日本の地方政府の固有財源と財政規模について、世界の中での位置を見てみると、**図表8**（1969年IULA調査の結果）に見るように、日本の地方政府は政府部門全体の中で占める支出のシェアも大きく、しかも地方政府の共有財源ともいうべき地方交付税を含めて考えると、地方の固有財源

図表8　地方税財政の状況の分類

支出シェア度 \ 固有財源度	低　い	高　い
高　　　　　い	＊	日　　　本
比 較 的 高 い	デンマーク	Ｕ　Ｓ　Ａ
	オ ラ ン ダ	
平　均　　的	ＧＢ(大ブリテン)	
比 較 的 低 い	ベ ル ギ ー	オーストリア
	＊	
低　　　　　い	スペイン	＊

（地方交付税を固有財源としてカウントした場合）

（注）元データは、IULA, Local Government Finance, (1969) に所収。
出典：山下茂・谷聖美『比較地方自治』317頁（第一法規出版、増補改訂版、1992年）

図表9　国と地方の税源配分の国際比較

年度	日本 国	日本 地方	アメリカ 連邦	アメリカ 州・地方	イギリス 国	イギリス 地方	西ドイツ 連邦・州	西ドイツ 地方	フランス 国	フランス 県・市町村	イタリア 国	イタリア 地方
1934～35	66.1	33.9	37.6	62.4	80.2	19.8	71.3	28.7	—	—	—	—
1950	75.2	24.8	72.8	27.2	91.6	8.4	87.2	12.8	86.2	13.8	86.3	13.7
1960	70.8	29.2	67.8	32.2	87.8	12.2	85.8	14.1	86.8	13.2	88.0	12.0
1970	67.5	32.5	60.6	39.4	88.9	11.1	88.0	12.0	90.2	9.8	89.6	10.4
1980	64.1	35.9	61.1	38.9	87.9	12.1	86.0	14.0	88.4	11.6	97.4	3.6
1982	63.2	36.8	59.0	41.0	86.3	13.7	86.5	13.5	—	—	97.5	2.5

（資料）大蔵省「財政金融統計月報」No.385（1984.5）より作成。
出典：宮本憲一編『地方財政の国際比較』209頁（勁草書房、1986年）

図表10　地方政府のウェイトと財政トランスファーの国際比較 (%)

		地方財政のウェイト 租税収入	地方財政のウェイト 最終消費支出	地方財政のウェイト 総固定資本形成	財政トランスファー 中央政府	財政トランスファー 地方政府
連邦国家	アメリカ	31.2	62.3	88.3	23.6	27.7
連邦国家	ドイツ	29.7	49.8	83.9	32.4	22.8
連邦国家	カナダ	45.3	80.9	84.5	15.8	22.9
単一国家	イギリス	3.8	35.3	59.3	24.4	77.5
単一国家	フランス	10.4	28.2	69.5	7.1	35.7
単一国家	スウェーデン	30.4	69.2	54.2	7.1	15.4
単一国家	日本	25.4	75.4	83.1	55.8	41.5

（注）1）租税収入は1998年。それ以外の項目は1997年（ただし、イギリスとスウェーデンは1996年）。
2）財政トランスファーの「中央政府」は、中央政府の他の政府部門への経常移転／中央政府の経常支出
3）財政トランスファーの「地方政府」は、地方政府の他の政府部門から経常移転／地方政府の経常収入

（資料出所）租税収入はOECD, Revenue Statistics 1965-1999 (Paris：OECD, 2000) より作成。その他は、OECD, National Accounts, 1950-1997：Volume 2 (Paris：OECD, 1999) より作成。
出典：林健久編『地方財政読本』102頁（東洋経済新報社、第5版、2003年）

も高いことがうかがわれる。

図表9、**図表10**は、国と地方の税源配分の国際比較を1934年から1982年、1992年にかけて見てみたものだが、地方への税源配分が日本が24.8～36.8％

図表11　政府間税源配分（2000年）
(％)

	中　央	州	地　方	社会保障
アメリカ	46.3	18.8	11.5	23.3
オーストラリア	83.0	13.9	3.0	—
カナダ	41.8	35.7	8.1	14.3
ドイツ	30.8	22.5	7.5	39.2
スイス	32.4	20.0	14.0	33.6
オーストリア	52.7	9.4	10.1	27.8
デンマーク	62.5		32.9	4.6
フィンランド	55.3		21.2	23.5
ノルウェー	62.3		16.3	21.4
スウェーデン	58.6		29.6	11.1
ベルギー	37.3	22.5	4.8	35.3
オランダ	57.1		3.4	39.3
ルクセンブルク	68.3		5.8	24.9
イギリス	78.2		4.0	15.5
アイルランド	86.6		1.8	11.6
フランス	42.4		9.6	46.9
イタリア	60.0		11.4	28.6
スペイン	48.2		16.9	34.9
ポルトガル	66.4		6.7	26.9
日　本	37.2		25.1	37.7

(注) EU諸国はEU分担金が除かれている。
(資料) OECD、Revenue Statisticsより作成（金子勝）
出典：林健久『地方財政読本』43頁（東洋経済新報社、第5版、2003年）

を占めているのに対して、イギリスでは8.4～19.8％、フランスでは9.8～13.8％、イタリアでは2.5～13.7％にすぎず、これらの国より日本の地方への税源配分の方が高いシェアを占めていることがわかる。（アメリカ、西ドイツは連邦制をとっているため直接の比較は困難。仮に表の西ドイツのように州を中央の方に分類すると、西ドイツの地方への税源配分は12.0～28.7％となり、日本を下回っていることになる。）**図表11**は社会保障基金を加えて中央、地方政府間の税源配分を2000年で先進国間で比較したものだが同様の傾向を見てとることができる。

　もちろん、ここに示した指標だけで正確な地方自治の国際比較ができるものではないと考えるが、それにしても日本の地方自治が欧米に比較して遅れているかどうかの議論は、議論の前提としてこうした事実を踏まえた上でなされることが望まれる。

　西尾勝も中央地方政府関係には「分離型」の英米系と「融合型」のヨー

ロッパ大陸型の2つの種類があることを説いた後、日本の地方政府の比重について世界の中でも異例に高いと述べている。

「日本の政府体系では、自治体がきわめて大きな比重を占めている。全公務員約440万人のうちの約325万人（74％弱）が地方公務員であり（人事院平成11年度年次報告書）全政府支出の65％弱が自治体の支出になっている（平成10年度）が、これらの比率は世界各国のなかでも異例に高いのである。自治の質においてはともかく、自治の範囲と仕事量に関する限り、日本は世界有数の地方自治の国である。その原因は、日本の自治が融合型であること、それが財政面でも地方交付税制度で支えられていること、そしてまた基礎自治体の平均規模が大きいことにあると思われる[11]。」

「自治の質においてはともかく」の部分については東大学派と京大学派で認識の違いはあるものの、「自治の量」において日本が地方自治大国であることは1990年代以降の日本行政学会の共通認識といってよいだろう。ただ、それがマスコミ、世論等の共通認識となっていないというのが現在の日本の状況といってよいだろう。学問の成果を大学教育等を通じて社会に還元していくことの必要性がこの分野でも強調されなければならない。

西尾勝をはじめとする東大学派は「自治の質」の面において日本のそれは欧米、特に英米のそれに比して見劣りするとするのに対して、村松岐夫をはじめとする京大学派は必ずしもそうではないと主張する。

東大学派は、中央政府と地方政府の行政関係に着目して、中央が上位、地方が下位の関係に立つとする。それに対して、京大学派は中央政府と地方政府の行政関係だけではなく、政治関係をもあわせて分析すれば、地方政府が地元選出の国会議員等の手を借りて中央政府の政策を動かす場合が少なくないことを示し、中央、地方政府は相互依存の関係に立つ——政策の立案の側面だけではなく、実施の側面においても、中央政府は地方政府の協力がなければ政策を実施できず、その意味で中央政府も地方政府に依存している部分があるとする——と主張する。

筆者は東大学派が主として関東、東北等の東日本の自治体を分析すること

が多いのに対して、京大学派が主として関西を中心とする西日本の自治体を分析することが多いことが現状認識の違いをもたらしている可能性が高いと推測している。いま1点、東大の辻清明教授（当時）が中央省庁支配説を唱えた時点と京大の村松岐夫教授（当時）が相互依存説を唱えた時点が、後者の方がかなり新しいという時点の差異も現状認識に大きく影響を与えている可能性が高い。

「自治の質」においてもたとえば東北と関西ではかなり中央政府に対するスタンスが違うこと、時代が新しくなるほど地方政府の発言力は高まっていること等を考えれば、日本全国を画一的に集権的、あるいは分権的と断定するのは妥当ではないように思う。地域により、時代により、さらには行政分野により、相互依存説が説得力を持つ部分と中央省庁支配説がより説得力を持つ部分があるのであり、その類型化こそが求められていると考える。

西尾勝が委員をつとめた地方分権推進委員会において「権限移譲ではなく国の関与縮小方式」による地方分権を目指したのは、「自治の質においてはともかく、自治の量に関する限り、日本は世界有数の地方自治の国」という認識があったためである。

ちなみに20世紀末の地方分権改革の評価も東大学派と京大学派では現状認識との関連で異なってくることになる。東大学派によれば、「中央集権的な日本の地方自治を英米型の分離型に近づける画期的な分権改革」ということになるのに対して、京大学派によれば、「日本の地方自治は質においても、もともと分権的だったのであり、今回の改革はさらにそれを推し進めた改革」という位置づけとなる。

現状認識が処方箋＝改革案にも、その評価にも違いをもたらす1つの例をここに見ることができる。

5　モデルのない時代

これまで見てきたように、日本の地方自治制度は従来の多数説がいうように「欧米に比較して遅れている」とはいい切れず、むしろ局面によっては欧

米の水準を上回っているといってよい水準にある。自治の質については説が分かれるが、自治の量については日本の地方自治は「世界各国の中でも異例に地方政府のウエイトが高い」というのが行政学会の共通認識である。

欧米のモデルを頭に描き、それに追いつけばよいとする時代はもはや過ぎ去ろうとしている。

日本文明全体が欧米に追いつき——局面によっては追い越し——「モデルのない時代」に入ってきている以上、そのサブ・システムとしての地方自治システムも同じ状況にあるのは、考えてみれば当然のことともいえる。

これからの地方自治システムの充実強化は、他の模倣ではなく、私たち自身の創意と工夫によって充実強化していくことが必要な時代となっているように思われる。

・・

＜注＞

1）金箱芳明ほか編著『日本史総覧』32頁（東京法令出版、2002）
2）金箱（2002）32頁
3）梅棹忠夫『日本とは何か：近代日本文明の形成と発展』95頁（日本放送出版協会、1986）
4）梅棹忠夫『文明の生態史観』54－56頁（中央公論社、1967）
5）八幡和郎『遷都：夢から政策課題へ』186頁（中央公論社、1988）
6）山下茂・谷聖美『比較地方自治：諸外国の地方自治制度』39、43頁（第一法規出版、増補改訂版、1992）
7）遠藤文男『地方行政論』126－127頁（良書普及会、1988）
8）三ケ月章『法学入門』201頁（弘文堂、1982）
9）三ケ月（1982）202頁
10）山下・谷（1992）316頁
11）西尾勝『行政学』85頁（有斐閣、新版、2001）

第5章　日本国憲法と地方自治

1　沿革——明治憲法下との比較——

　第4章で日本の地方自治の歴史と国際比較を明らかにした。

　本章では、(1)戦後60年の日本の地方自治の基本的な枠組みを規定している日本国憲法の中で地方自治がどのように規定されているか、(2)それが戦後の地方自治にどのような意味を持ったか、について検討してみたい。第6章以下の提言では、憲法改正議論も含まれるのでその前提として現行憲法と地方自治の関係を明らかにすることは必要である。

　大日本帝国憲法（明治憲法）時代には、憲法には地方自治に関する規定は存在せず、明治憲法下の地方制度は憲法上の根拠を持たない「法律の創造物」としての位置づけにとどまっていた。その結果、どのような地方制度をつくるかは、ひとえに中央政府（国）の立法政策に委ねられていた訳である。

　明治時代の地方制度は地方制度の歴史で触れたように、プロイセンを模範とした官選知事等を内容とする、地方団体に対する中央官庁の監督権を大幅に認めた集権的な地方制度（ヨーロッパ大陸型の地方制度）であった訳だが、特に1931年（昭和6年）の満州事変を契機に戦争の影響が強くなると、中央政府の監督が日増しに強められていった。

　特に1943年（昭和18年）には市町村長の選任方法が改正され、それまで市町村長は市町村会による自主的選任であった（大正デモクラシーの成果。ちなみに戦後の日本の民主主義がかくも順調に根付いたのは大正デモクラシーの経験があったからと推測される。「デモクラシーは2度目以降に根付く。」といわれることがあるが、その意味ではイラク等でデモクラシーが1度で根付くのは難しいかもしれない。）ものが、市長は市会の推薦に基づき内務大

臣が任命、町村長は町村会の推薦した者を府県知事が認可して任命することとなったほか、市町村会の権限の縮小が図られるなど、市町村に対する官治的統制が強化された。このように明治憲法下では中央政府の立法政策で地方制度がいかようにも変更される体制にあった。

こうしたことが可能であったのは、先にも述べたように明治憲法には地方自治に関する規定はなく――地方自治の憲法による制度的保障はなく――、地方制度をどのようなものにするかは、もっぱら中央政府の立法政策に委ねられていたからということができる。

戦後、アメリカの占領下で日本国憲法がつくられたが、日本国憲法では、憲法に特に1章を設け、第8章で地方自治を保障する規定を置いている。

こうして、日本国憲法下では、地方政府の自治権は中央政府の意思によってみだりに制約されてはならない憲法上の要請となった。法律、条例が権力者である中央、地方政府から国民、住民への命令であるのに対して、「憲法は権力者に対する命令」という性格を持っている。日本国憲法第8章は権力者に対して統治の仕方として地方自治を尊重する形で統治することを命じている。後で憲法第92条の解釈でも触れるように、地方自治制度の中核は中央政府の立法権によっても奪うことのできない憲法上の保障が与えられることとなったところが、明治憲法下と現憲法下との大きな違いということができるだろう。

2　日本国憲法第8章の内容

日本国憲法の第8章では第92条から第95条まで4か条を設け、地方自治について定めている。

第92条では地方自治に関する総則的な規定が置かれ、第93条では地方政府の組織について議事機関としての議会の設置、議会の議員及び長の直接公選等を定め、第94条では地方政府の権能について、自治行政権及び自治立法権を定め、第95条では1の地方政府のみに適用される特別法について、住民投票によることを定めている。

以下、順にその規定内容を見ていくこととしよう。

第92条（地方自治の基本原則）「地方公共団体の組織及び運営に関する事項は、地方自治の本旨に基いて、法律でこれを定める。」

第92条は第8章の総則的規定ともいえるもので、次の2つのことを定めている。

第1に、地方自治の制度を保障した上で「地方公共団体の組織及び運営に関する事項」については「法律」で定めなければならない。明治憲法下では「地方公共団体の組織及び運営に関する事項」について勅令や内務省令などにより定められた部分があったが、このような政令、省令などの行政府の命令で定めることは現憲法下では許されず、立法府の定める法律によらなければならないこととなった。

第2に、法律によって地方公共団体の組織及び運営に関する事項を定める場合でも、無制限に地方自治を制約することが許されている訳ではなく、その法律の内容は「地方自治の本旨」に基づいて定めなければならない。

明治憲法下では中央政府の立法政策でいかようにも地方自治制度を創設、変更することができたが、現憲法下では「法律」で地方自治を規定する際にも、その法律の中身そのものについても、憲法上の制度的保障が与えられることとなった訳である。

憲法第92条でいう法律としては、地方自治法の一般法・基本法である地方自治法があり、さらに地方税法、地方財政法、地方交付税法、地方公営企業法、地方公務員法、公職選挙法などの地方公共団体に関する基本的な事項を規定する法律、その他個別の行政分野に関する数多くの法律があるが、これらはすべて本条の趣旨にしたがい、「地方自治の本旨」に基づいて定めなければならない。

ここでいう「地方自治の本旨」というのは、次の2つの原理から成り立っているというのが通説である。

その1つは「団体自治」であり、もう1つは「住民自治」である。

「団体自治」とは、歴史的にはドイツ・フランスなどヨーロッパ大陸法系

の国で発達してきた考え方だ。国家（中央政府）に対する関係において、国の内部に国家（中央政府）から独立した地域的団体として地方公共団体（地方政府）の存在を認め、原則としてその地域に係る公共的事務は、その団体において国家（中央政府）からの監督・関与をできる限り排除して自主・自律的に処理することをいう。

また、「住民自治」とは、歴史的にはイギリスなど英米法系の国で発達してきた考え方で、その地方公共団体（地方政府）内部の関係について地域の公共的事務をその地域の住民の意思に基づきその責任において処理することをいう。

「団体自治」は地方分権の考え方に立つものであり、「住民自治」は民主主義の考え方に立つものであるといわれる。（**図表1**）

第93条（地方公共団体の機関及びその直接選挙）「地方公共団体には、法律の定めるところにより、その議事機関として議会を設置する。地方公共団体の長、その議会の議員及び法律の定めるその他の吏員は、その地方公共団体の住民が、直接これを選挙する。」

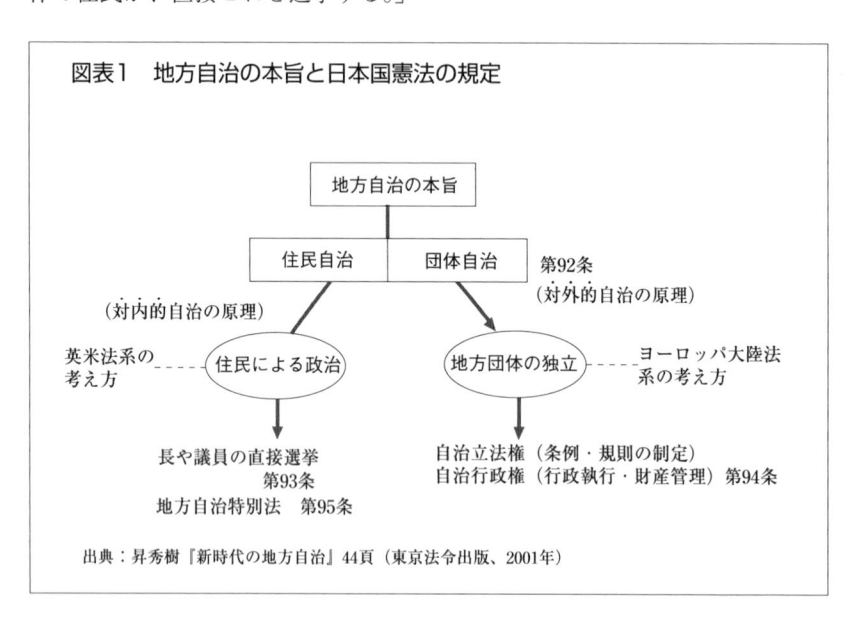

図表1　地方自治の本旨と日本国憲法の規定

```
                    地方自治の本旨
                         │
              ┌──────────┴──────────┐
            住民自治                団体自治      第92条
      （対内的自治の原理）      （対外的自治の原理）

   英米法系の ---- 住民による政治    地方団体の独立 ---- ヨーロッパ大陸法
   考え方                                              系の考え方

              長や議員の直接選挙    自治立法権（条例・規則の制定）
                   第93条          自治行政権（行政執行・財産管理）第94条
              地方自治特別法 第95条
```

出典：昇秀樹『新時代の地方自治』44頁（東京法令出版、2001年）

第93条は地方公共団体の機関の組織原理を定めている。これは第92条の基本原則を具体化して、「住民自治」の考え方を明らかにし、地方の政治・行政の民主化を図ろうとしているものである。

　議会の議員のほか、地方公共団体（地方政府）の長も住民の選挙によることとされている。これは国（中央政府）の場合と異なり、日本の地方公共団体（地方政府）は、ともに住民の選挙によって選ばれる議会と長（二元代表制）を独立・対等の関係に置くもので、アメリカ的な大統領制（首長制）をとることを憲法で定めている。

　国政においてはイギリスで発達した議院内閣制をとることを日本国憲法は定めているが、地方政府においてはアメリカで発達した大統領制が採用されている。天皇制を存続したことが戦後の日本で中央政府と地方政府で統治システムが異なることになったことの原因とされる。このあたりにも「文明の吹きだまり」としての日本の特色が現れている。

　ただ、長と議会との関係について地方自治法が定めているところは、アメリカにおける大統領と連邦議会（あるいは州知事と州議会）との関係とまったく同じという訳ではない。

　たとえば、議会の議決した条例・予算について異議があるときは、長は再議請求権を行使できること（地方自治法第176条）は、アメリカの制度に類似しているが、他方で長が条例案を含む広範な議案提出権を持つこと（地方自治法第149条第1号）、議会が長の不信任を議決した場合には長は議会を解散できること（地方自治法第178条第1項）などはアメリカ的な大統領制ではなく、日本国憲法における議院内閣制の下における内閣と国会との関係に類似している。その意味で日本の地方公共団体（地方政府）の統治組織は大統領制と議院内閣制との折衷制度であるといってよいだろう。

　この折衷制度であることを強調する論者は「大統領制」という言葉を使わず、「首長制」という言葉を使う場合が多い。それに対して戦後アメリカの占領下でアメリカ型の地方自治制度が導入されたことを強調する論者や中央政府の議院内閣制との違いを強調する論者は「大統領制」という言葉を使う

ことが多いように見受けられる。

　議会の議員及び長の選挙権の要件は国会議員の場合と同じである。(公職選挙法第9条、第11条)

　なお、第93条は「法律の定めるその他の吏員」についても住民の直接選挙によることを定めている。憲法制定当初においては、たとえば教育委員会委員などが住民の直接選挙によることとされていたが(旧教育委員会法第7条)、この教育委員会委員の直接選挙制は廃止され、地方公共団体の長が議会の同意を得て任命するものとされている。(地方教育行政の組織及び運営に関する法律第4条第1項)その結果、現在においてはこの「法律の定めるその他の吏員」にあたるものは存在していない。

　立法論としては、たとえば教育委員会委員の公選の復活なども検討されてよいのかもしれない。

　教育委員会のあり方については学界からも、行政実務界からも現在のシステムに対して疑問の声が出されており、地方制度調査会でも検討が加えられている。文化行政の所管を教育委員会から首長部局に移した知事、市町村長の数は多いし、研究者の間にも現在の教育委員会のシステムに苦言を呈す人も少なくない。

　こうした実態を考慮すれば、立法論として憲法第93条を活用した教育委員会委員の公選復活なども検討の価値があるように思われる。

　憲法第93条は代表民主制(間接民主制)を定めているが、これは直接民主主義の考え方による制度を設けることを否定する趣旨ではない。地方自治法は住民自治の考え方に基づき、住民の権利拡充の観点から直接民主主義の考え方をも取り入れ、住民の直接請求の制度として議会の解散の請求、議員・長の解職請求等の制度(地方自治法第74条〜第88条)を定めている。

　これらのアメリカ型の住民直接請求の制度は、戦後数十年間の間は必ずしも十分活用されたとはいい難かったが、20世紀末頃から日本の民主主義の成熟化にともない全国各地で活用されるようになった。そうした状況変化も参考にしつつ市町村合併特例法でも住民投票の制度が導入されることとなり、

「第3の改革」の一環としての「平成の市町村合併」をめぐっては全国各地で住民投票が行われた。

　これらの直接請求制度は憲法第93条の定める制度の下で、議会及び長が住民の意思から遊離しこれに反する場合に、それを是正するために設けられたものだが、憲法上要請されているものではない。また、地方自治法第94条は町村は議会に代えて選挙権を有する者の総会を設けることができることを定めているが、この町村総会の制度はより高い程度において住民自治の要請を全うするものであるから憲法第93条に反するものではない。

　なお、本条の「地方公共団体」とは、地方自治の本旨を実現するために欠くことのできない、いわば標準的な地方公共団体をいい、地方自治法の定める特別地方公共団体（地方自治法第1条の3第3項）はこれに含まれないと解されている。したがって特別地方公共団体について、たとえばその議会を設置しないこと、あるいは議会の議員又は長を直接公選によらないこととしても本条に反するものではない。

　第94条（地方公共団体の権能）「地方公共団体は、その財産を管理し、事務を処理し、及び行政を執行する権能を有し、法律の範囲内で条例を制定することができる。」

　第94条は、「団体自治」の原則を具体化して、地方公共団体（地方政府）がその事務を処理するための広範な自治権を持つべきことを明示したものである。地方公共団体の自治権の内容として単に「その財産を管理し、事務を処理」することだけではなく、「行政を執行する権能」を有するとともに「条例を制定」する権能を持つことを列挙し、自治行政権及び自治立法権を保障している。なお、本条でいう地方公共団体も、標準的な地方公共団体をいい、現行地方自治法上の特別地方公共団体はこれに含まれないと解される。

　第94条でいう「財産を管理」するとは財産権の主体として財産を取得、維持、利用又は処分することなどをいう。なお、地方公共団体がその財産を管理するにあたっては、憲法第89条（公の財産の支出又は利用の制限）に準じ

た取り扱いがなされるべきだろう。

　「事務を処理」することと「行政を執行」することとの区別は明確ではないが、後者は権力的・統治的作用を行うこと、すなわち警察、課税、公用負担などのように公権力の行使によって住民に義務を課し、又は住民の権利に制限を加えるような行政活動を行うことをいい、前者はそれ以外の地方公共団体事務を行うことをいうと解される。

　第94条の規定は、明治憲法下の地方制度においては、地方公共団体は国（中央政府）の地方行政の手段としての地位にあるものと考えられ、したがってその権能についても、いわゆる固有事務（自治事務）よりは委任事務の執行に重点が置かれていたことを排除するという意味を持つ。

　ここでいう「固有事務」とは、地方公共団体が自らの意思により、その責任において行うべき事務をいい、「委任事務」とは本来なら国（中央政府）が自ら行う事務ではあるが、便宜上地方公共団体又はその機関に委任して行わせ、したがってそれに対しては国（中央政府）が関与し、又は指揮監督を行使できる事務をいう。第94条はこれに対して、地方公共団体はその固有の権能として、そこに掲げられているような包括的な権能を有するものであることを示している。

　地方公共団体の条例制定権の根拠は直接に憲法第94条によって与えられていると解されている。すなわち、地方自治法第14条第1項は「普通地方公共団体は、法令に違反しない限りにおいて第2条第2項の事務に関し、条例を制定することができる。」と規定しているが、この規定は条例の規定事項が地方自治法第2条第2項の事務に関するものであり、また条例は法令に違反しないものでなければならないことを示したもので、条例制定権の根拠を定めたものではない。したがって法律で条例制定権を否定することは許されないし、また条例を制定する場合に法律の具体的な委任、授権を必要とするものでもない。

　条例制定権は「法律の範囲内で」認められているから、条例の形式的効力は法律よりも劣る。また、地方自治法は「法令に違反しない限りにおいて」

条例を制定することができる旨が規定されているから（地方自治法第14条第1項）、法律はもちろん、政令・省令等の国の行政機関によって制定される命令より形式的効力は劣ることになる。

　条例の地域的効力は、原則としてその地方公共団体の区域のみに及ぶもので、他の地方公共団体の区域には及ばないが、その地方公共団体の区域内においてはその地方公共団体の住民だけではなく、滞在者等に対しても属地的に条例の効力が及ぶ。（最判昭和29年11月24日刑集8巻11号1866頁）なお、条例には条例に違反した者に対し罰金、過料等を課することができるとされている。

　第95条（一の地方公共団体のみに適用される特別法）「一の地方公共団体のみに適用される特別法は、法律の定めるところにより、その地方公共団体の住民の投票においてその過半数の同意を得なければ、国会は、これを制定することができない。」

　第95条は、いわゆる地方特別法についてその制定手続を一般の法律と異なり、その地方公共団体の住民投票を要するものとした規定である。すなわち、一般の法律はすべての地方公共団体を通じて全国的に適用されるのだが、特定の地方公共団体のみに適用される法律の制定にあたっては、単に国会の議会だけによって成立するものとはせず、その地方公共団体の住民の投票に付し、その同意を得なければならない。

　アメリカの多くの州においては、州の立法府が地方政府に対して個別の特別立法をもって干渉を加えることの弊害が論じられ、その対策として州憲法のうちにそのような特別立法を制限する規定を置くものが現れたが、第95条はこのようなアメリカの特殊な歴史的背景の下に設けられた制度を取り入れたものである。日本国憲法へのアメリカの強い影響を感じることのできる条文の1つである。

　いわゆる地方特別法について、このような特別の制定手続を要することとした理由は、第1に特定の地方公共団体のみに適用される特別法を制定することは地方公共団体の平等性を侵害することになることが掲げられる。第2

には、その法律はその内容によっては、その地方公共団体の権能又は住民の権利や福祉を左右する場合があることに鑑み、その住民によって国会の議決したその法律を承認すべきかどうかを決定させることが「地方自治の本旨」に合致するものと考えられたからである。この点に、それぞれの地方公共団体は全体としての国の一部をなすことはいうまでもないとしても、同時にそれぞれの地方公共団体の独立性が国全体の観点ということを理由として不当に侵害されてはならないという思想が示されている。

地方特別法の制定手続については、国会法第67条及び地方自治法第261条に詳細な規定がある。それによれば地方特別法についての住民の投票は、国会の議決の後に行い、その過半数の同意を得たときに先の国会の議決が確定して法律となる。そして法律が確定したときは、内閣総理大臣は直ちにその公布の手続をとるとともに両議院の議長にその旨を通知しなければならない。

地方特別法の例としては、広島平和都市建設法、長崎国際文化都市建設法、旧軍港市転換法などがある。

3 憲法の地方自治の規定の性質

以上、日本国憲法下での地方自治に関する規定の内容を見てきたが、これらの規定がどのような性質を持つのかについて学説上争いがあるので検討しておこう。

現行憲法をどのように解釈するかという観点からも重要であるだけではなく、今後の憲法改正にあたっても憲法の規定が地方自治にどのような影響を与えるかを確認することは大切だからである。

本来、国家主権（憲法制定権力）がその統治構造の中で、地方自治をどのように位置づけるかは、国家主権の政策の問題だといえるが、日本国憲法の地方自治の規定の性質について、地方政府（地方公共団体）の存立及び自治権の根拠をどのように見るかについて、法律学（憲法学）者の間で、固有権説、伝来説、制度的保障説（憲法伝来説）の3つの学説が対立している。

固有権説は、地方政府（地方公共団体）の自治の権能は個人の基本的人権と同じく、地方政府固有の不可侵の権利として有していると主張するもので、沿革的に見ると地方政府は国家の成立に先駆け、地域住民の共同の利益を守るために自然発生的に誕生していることを根拠としている。アメリカなどはまさに「はじめに自治体、州ありき」であり、州が集まって United States of America ができた、その意味で「合州国」といってよい歴史的現実がある。

　これに対して伝来説は、地方自治の沿革はともかく近代国家においては主権は国家主権（憲法制定権力）に統合され、すべての権力は国家主権に淵源するのだから地方自治も国家の統治権に由来し、地方政府の存立と自治権は国家から伝承したものと見る考え方である。この伝来説によると、国（中央政府）はその政策で自治権の範囲をどのようにでも定めることができるという解釈がとられやすくなる傾向を持っている。

　これに対して制度的保障説（憲法伝来説）は、近代立憲主義の下では地方政府の存立も自治権も憲法によって定められるものとし、ただ憲法が地方自治を保障し、地方政府の自治権を認めるというのは歴史的、伝統的、理念的に確立されてきた一定の内容を持った「地方自治の本旨」に基づく制度を保障し、その制度の本質的内容、核心を国の立法による侵害から守る趣旨のものであると説く。

　これらの説のうち、まず固有権説については、法理論的に見た場合、近代国家における地方政府の存立、自治権は国家主権（憲法制定権力）以前にあるものと見ることはできないものであって、国家主権がその統治組織の一環としての機能を営むことを認めることにより成立していると考えるべきであること等の問題がある。

　伝来説については、日本国憲法第8章の規定は単なる地方自治の容認、許容という以上の積極的な意味を持つと解すべきであり、中央政府の政策によってどのようにでも地方自治制度を定めることができるような解釈をとりうる可能性があるこの説をとると、憲法が特に1章を設けて地方自治を規定

した意味がなくなる等の問題が指摘される。

　したがって3説の中では制度的保障説（憲法伝来説）が法理論の面から見ても、結果妥当性の面から見てももっとも妥当だと考えられる。

　この点に関して、近時日本国憲法をその英語版と照合しながら、国と地方自治体との関係は中央政府と地方政府の「政府間関係」であるとする見解が政治学者・行政学者の間でとられるようになった。以下この説を「政府間関係説」と呼ぶことにする。（筆者の命名）政府間関係説は制度的保障説との関係でいえば、憲法上の制度的保障の内容を「伝来説」的にとらえるのではなく、「政府間関係」としてとらえる考え方として整理することができよう。少し長くなるが、大森彌の指摘を以下に引用しておこう。

　「日本国憲法では、英語版の government に当る訳語は、前文に2ヵ所（「政府の行為によって through the action of government」「そもそも国政は Government」）と第4条（「国政に関する権能 related to government」）、第13条（「その他の国政上で in other governmental affairs」）、第62条（「国政に関する in relation to government）」、第98条（「国務に関するその他の行為 other act of government」）との計6ヵ所に出てくる。これらはすべて抽象名詞の government であり、governments という使い方は見あたらない。government の訳語は、『政府』『国政』『国務』の3通りであるが、いずれも一見して中央の政府およびその活動を指しているように思えるであろう。しかし、これらの government の用法は、憲法でいう『国』（state）に限定されてはいないのである[1]。」

　「憲法制定作業に参加した入江俊郎は、この点を次のように証言している。『憲法は、その前文に、政治の在り方として「そもそも国政は、国民の厳粛な信託によるものであって、その権威は国民に由来し、その権力は国民の代表者が、これを行使し、その福利は国民がこれを享受する」と宣言したが、ここに「国政」とは英語でいえば、government で、統治作用、または政治行政という意味であり、主権の直接間接のはたらきを一切包含している。即ち、立法・司法・行政のあらゆる分野にわたり、地方自治もまたこれ

に包含せられているのである。』（中略）このような意味での統治活動は、全国レベルでは『国』が、地方レベルでは『地方公共団体』が担うものと考えられている[2]。」

「憲法上の『国』は英語版では the State であり、章立てでは主として第4〜7章の『国会』『内閣』『司法』『財政』の規定に照応する。この『国』とは、日本国民（the nation）全体の存立と発展に責任をもつ中央統治機構を指していると考えることができる。政治用語では『中央政府』（the central government）である[3]。」

「これに対して、憲法第8章『地方自治』の英語表記は Local Self-Government であり、文字通りに訳せば『地方自己統治』である。この場合、単純ながら大切な着眼点は、上記『国』の諸規定のなかに『地方自治』が包摂されているのではなく、独立の章目で保障されている事実である。『国』との対比でいえば、『地方自治』とは、国民社会の一定の地域における諸問題の解決に責任をもつ『地方政府』の活動であると解釈することができる[4]。」

「このように憲法が government と state および local public entity とを使い分けているということは、政治理論上は、主権者たる国民が初めから2種類の『政府』を設け、統治活動を中央と地方に分割して信託する意思を表明したものと解釈することができる。もちろん地方公共団体は、国民社会の一定の地域のみを管轄する政府であって、統治活動全体においては部分段階にとどまるものである。それぞれに1つの政府であっても、国民社会全体の統合を崩してしまうような活動（たとえば、憲法第3章の『国民の権利及び義務』の規定に反するような条例制定）を行うことは許されず、国民社会の統一性を保つ限度において『国』による関与を受ける。しかし、このことは、地方公共団体が『国』の単なる下部機関あるいは地方における行政主体にすぎないということを意味しない。第8章のタイトルが明示しているように、地方公共団体は、地方における自己統治の機関である[5]。」（傍丸は原典）

「以上のような意味で、日本国憲法はあらかじめ2種類の政府を予定して

いる、とみるのが、最も素直な憲法解釈であるということができよう[6]。」
（図表2）

　このような考え方からは、地域の諸問題について地域－市町村－都道府県－国のレベルを通して問題が持ち上がり、それが国－都道府県－市町村－地域へとおりてくることによってはじめて解決されるというピラミッド型の方式は見直しを迫られる。

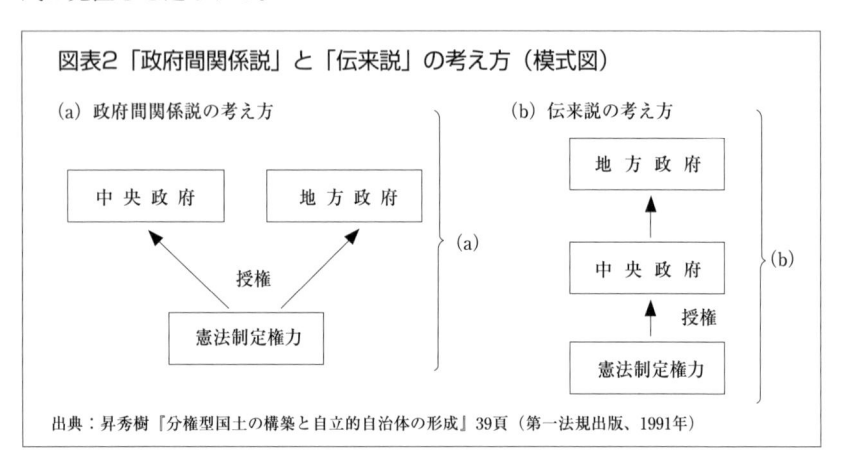

図表2「政府間関係説」と「伝来説」の考え方（模式図）

(a) 政府間関係説の考え方　　　(b) 伝来説の考え方

出典：昇秀樹『分権型国土の構築と自立的自治体の形成』39頁（第一法規出版、1991年）

　地域の問題として処理できる事項については、地域に委ねることが必要だ。（補完性の原理）この場合、国、都道府県、市町村はヒエラルキー的に、ないし直列系システムにつながるのではなく、一部規制関係を持ちながらも、基本的には対等の支援、被支援、ないし並列系システムの関係としてとらえられることとなる。**（図表3）**

　こうしたパラダイム転換を行うことにより、「国民・住民からインプットされたニーズは、それぞれの政府の自律的判断のもとに加工処理され、直接国民・住民に対してアウトプットされることとなり、いずれかのレベルの政府がスイッチ・オフしても、他のレベルの政府がスイッチ・オンしていれば、行政の流れが切断されることはないこととなる。中継ターミナルとして上からの施策の流れを待つ必要性がないという点で、行政の効率性に資するのみならず、流れが切断されないという点で、非常事態等における場合の安

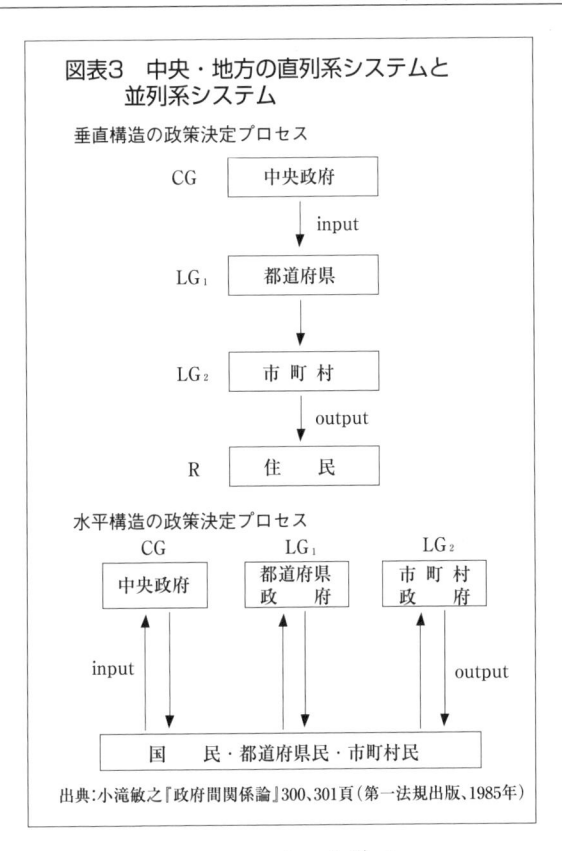

> 図表3　中央・地方の直列系システムと並列系システム
>
> 垂直構造の政策決定プロセス
>
> CG　[中央政府]
> 　　　↓ input
> LG₁　[都道府県]
> 　　　↓
> LG₂　[市町村]
> 　　　↓ output
> R　　[住民]
>
> 水平構造の政策決定プロセス
>
> 　　　CG　　　　LG₁　　　　LG₂
> 　　[中央政府] [都道府県政府] [市町村政府]
> 　　　↕　　　　↕　　　　　↕
> 　input　　　　　　　　　　output
> 　　　[国民・都道府県民・市町村民]
>
> 出典：小滝敏之『政府間関係論』300、301頁（第一法規出版、1985年）

全性にも資しうるものといってよいであろう[7]。」

　1つの政府の方針だけを絶対的なものとするのではなく、対立、協調の緊張関係にある複数の政府間の競争、協調の中で、より妥当な解を求めていこうとする「相対主義哲学」とでも呼ぶべきものを、地方自治という思想は内包しているといえる。

4　憲法第8章の憲法上の位置づけ
　——憲法第8章「地方自治」の規定は、日本国憲法の中で、どのような位置を占めているか？——

　地方自治を重視し、地方公共団体を英文どおり「地方政府」(Local Government) ととらえる政治学者、行政学者（たとえば松下圭一、西尾勝など）の間で、近時、日本国憲法の統治機構編は中央政府 (Central Government) と地方政府 (Local Government) の2本立てで構成されており、第8章はその一方の柱であるとする見解が唱えられている[8]。

　この見解によると、日本国憲法は大きく分けて4部構成となっていると考える。

　第1部は国民生活全般について規定しており、「第1章　天皇」「第2章　戦争の放棄」「第3章　国民の権利及び義務」の3章から成っている。第2部は中央政府 (Central Government) について規定しており、「第4章　国会」「第5章　内閣」「第6章　司法」「第7章　財政」の4章から成り立っている。

　第3部は地方政府 (Local Government) について規定しており、「第8章　地方自治」の規定から成り立っており、第4部は再び国民生活全般について規定しており、「第9章　改正」「第10章　最高法規」「第11章　補足」の3章から成り立っている。(**図表4**)

　日本国憲法を「その目的である人権編」と「手段である統治機構編」（近代的意味での憲法は、「国民の人権を国家の権力から守り——自由権——、国家により保障する——社会権等——ことをその目的としており」「そのための手段として国家権力を垂直、水平両方向へ権力分立——地方分権、三権分立——を図ることなど国家権力の統治の仕方」を「国家権力への命令」として定めている。）に分けるとすれば、第1部と第4部が「人権編」に、第2部と第3部が「統治機構編」にあたることとなる。

　こうした考え方をとると、これまでの通説的な憲法解釈は大きな変更を迫られることとなる。

> **図表4　日本国憲法の構成 －4部構成。第2部で中央政府、第3部で地方政府に関する**
> 　　　　　　　　　　　　　ことを規定－
> - 第1部　国民生活全般について規定
>   　　第1章　天皇、第2章　戦争の放棄、第3章　国民の権利及び義務
> - 第2部　中央政府の政治制度
>   　　第4章　国会、第5章　内閣、第6章　司法、第7章　財政
> - 第3部　地方政府の政治制度
>   　　第8章　地方自治
> - 第4部　国民生活全般について規定
>   　　第9章　改正、第10章　最高法規、第11章　補則
>
> 出典：昇秀樹『新時代の地方自治』57頁（東京法令出版、2001年）

　たとえば、日本国憲法は第41条で「国会は（中略）唯一の立法機関である」と規定しているが、これまでの通説的な理解によれば、国・地方を通じての原則規定が第41条で、第94条（地方公共団体の権能）はその例外規定というとらえ方をしていたが、先ほどの考え方（政府間関係説）からすると第41条は第2部、中央政府レベルにおいて「唯一の立法機関」ということを意味するだけであって、地方政府については第3部の第94条で「条例を制定することができる」と規定しており、第41条と第94条の規定はパラレルな規定と解することとなる。

　現場レベルにおいて、中央政府の立法が現実の要請から遅れ気味で、たとえば福祉、環境、情報公開などについては地方政府の条例、要綱等が先行していることから考えても、こうした考え方は説得力があるものといえよう。

　憲法上、法効力において国法が上で、条例は「法律の範囲内で（中略）制定することができる」（憲法第94条）とされていることは事実だとしても「現実に自治体法が先行して現実的な効果をあげているかぎり（中略）国会が唯一の立法機関であり、アナクロニズムの国法を全部守れという法律フェティシズムにたつこれまでの既成憲法理論の枠組みでは、市民生活は成り立たなくなってしまう[9]。」という松下圭一の主張に魅力をおぼえる。

　いま1つ例をあげれば、憲法第65条は「行政権は、内閣に属する」と規定しているが、これも従来の通説的理解によれば、国・地方を通じて行政権は原則として中央政府に属し、憲法第94条（地方公共団体の権能）はその例外的規定という解釈になる。

これに対して新しい考え方（政府間関係説）によれば、憲法第65条の「行政権は、内閣に属する」というのは中央政府レベルでは行政権は内閣に属するということを意味しているにすぎず、第94条で地方政府レベルにおいても中央政府と同格に行政権が保障されるという解釈をとることとなる。つまり、憲法第94条は第65条の例外規定ではなく、第65条と対等のパラレルな規定ということになる。

中央政府レベルでは行政権は内閣に属するということを第65条が規定し、地方政府レベルでは行政権はそれぞれの市町村、都道府県の首長に属することを第94条が規定していると読む訳である。

こうした考え方（政府間関係説）は1980年代には少数有力説にすぎなかったが、1990年代には徐々に支持者を広げていき、やがて国会での菅直人議員に対する内閣法制局長官の答弁でも憲法第65条と憲法第94条は原則と例外の関係（従来の通説）ではなく、パラレルな規定であることが確認されるに至った。政府見解として採用されたことの意義は大きなものがあるといってよいだろう。

このような憲法理論ないし憲法イメージのつくり替え、パラダイム転換が法律学、政治学、行政学等を通じて求められているといってよいだろう。現時点では、政治学・行政学の分野では政府間関係説が多数説となっているが、憲法学・行政法学など法律学の分野ではまだ多数説にまではなっていないように見受けられる。

たとえば大学の憲法の講義にしても、政治学の講義にしても、統治機構の話をする場合、これまでは中央政府の三権分立の話からはじまる場合がほとんどだった。すなわち、国民の自由（基本的人権）を守るために国家権力を立法、行政、司法の3作用に分類し、それぞれを国会、内閣、裁判所に担当させ、相互チェックさせるという話がまず冒頭で話される訳である。

政府間関係説の立場に立てば、基本的な問題はまず、各レベルでのガバメントの分立の問題ということになる。

すなわち中央政府というガバメントと地方政府というガバメント、この2

種類のガバメントが憲法制定を通してはじめから予定されていると考える訳である。主権者たる国民＝憲法制定権力は、国民・住民の自由を守るために、政府機能を、まず中央政府と地方政府という2つのガバメントに分割して担当させ、相互にチェックさせる（垂直方向の権力分立）仕組みをつくった。

　そこで、統治機構、政治制度論としては、この両政府間の分業関係をどう考えるかということが、まず問題とされなければならない。

　この問題を押さえた後、はじめて、中央政府レベルでの権力分立の方法として国会・内閣・裁判所の三権分立（水平方向での権力分立）、地方政府レベルでの権力分立として地方議会・首長（部局）の二権分立が日本国憲法では規定されているという順番で講義がなされるべきであって、これまでのように日本の統治機構、政治制度を説明する最後のところで地方自治の話が出てくるというのは逆転した話の進め方ということになる。

　まずは、中央政府と地方政府のガバメント間の分立の仕組みを論じ――地域に関わることは地方政府が担当し、国防・外交・通貨などは中央政府が担当するという政府間関係の仕組み――、その後個々のガバメントの中の話を展開していくのが論理的な順序ということになる。たとえば、西尾勝のテキスト『行政学』（有斐閣、1993年）はこうした考え方に立った目次立てがなされている。

　こうした考え方に立って20世紀末から21世紀初頭の地方分権改革――政府間関係の再構築――を進めていくことが肝要なのだと考える。

5　20世紀末以降の日本における分権改革と学問の関係

　1993年、国会の両議院において地方分権推進決議がなされ、1995年地方分権推進法が成立。同法に基づき地方分権推進会議が設置され、同会議で主要な役割を果たしたのは西尾勝（地方分権推進委員会副座長、座長は諸井虔元秩父セメント会長）、大森彌（ゆたかな暮らしづくり部会部会長）のような東大系の行政学者であったのは、こうした考え方が学界だけではなく、政

界、経済界でも受け入れられるようになっていたからだろう。

1980年代に政府間関係説が唱えられ、1990年代の「第3の改革」の理論的支柱として採用されたところに学問の社会的役割の一端を垣間見る思いがする。

こうして20世紀末以降の日本における地方分権改革は、政府間関係説の考え方を取り入れながら進められていると評価することができる。

・・・

<注>
1) 大森彌・佐藤誠三郎編『日本の地方政府』27－28頁（東京大学出版会、1986）
2) 大森・佐藤（1986）28頁
3) 大森・佐藤（1986）28頁
4) 大森・佐藤（1986）28頁
5) 大森・佐藤（1986）29頁
6) 大森・佐藤（1986）29頁
7) 小滝敏之『政府間関係論』301－302頁（第一法規出版、1983）
8) たとえば、松下圭一『都市文化をデザインする：松下圭一対談集』192－194頁（有斐閣、1984）
9) 松下（1984）192頁

第2部
<提　言>
21世紀の地方自治

　　経済のグローバル化が進む中で、近代国民国家の再編成が世界各国で進められているが、その1つの局面が地方分権改革であり、自治体の再編である。

　　自治体に権限がおりてくれば、それを十分にこなしうる行財政能力を自治体が備えているかが問われてくる。同時に巨額の政府債務、今後の低成長あるいはマイナス成長時代を考えれば行政改革は避けて通れない課題といえる。この両者の要請を満たすものとして市町村合併、都道府県の再編が政策課題とされている。

　　都道府県についてもその再編が議論され、これまで府県合併の場合は、個別の国会での立法が必要であった都道府県の合併手続が、地方自治法の改正により市町村合併に準ずる手続で合併できるようになった。

　　さらに道州制の導入にむけて、総理大臣の諮問機関である地方制度調査会で議論が行われ2006年2月28日「道州制の導入が適当」とする最終答申が出され、道州制の地域区分案等も示されている。

　　第2部では、21世紀の日本の地方自治の課題として、市町村合併（第6章）と道州制（第7章）の問題を検討することとしたい。

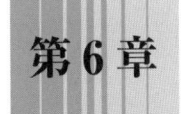

第6章　市町村合併と21世紀の地方自治

1　市町村合併の背景

　政府与党は2000年12月に定めた行政改革大綱で3,230弱の市町村を1,000程度に合併させることを目標として掲げた。

　マスコミは明治の大合併、昭和の大合併につづく平成の大合併と報道している。

　明治維新、戦後改革に次ぐ「第3の改革」としての地方分権改革等に合わせて、平成の大合併が進められなければならないという訳だ。

　いま、なぜ市町村合併なのだろうか。

　市町村合併が必要だとして、今回の市町村合併は明治の大合併、昭和の大合併とどの部分が共通しており、どの部分が違うのだろうか。

　以下、地方自治の基礎としての市町村の合併の問題について検討していくこととしたい。

　20世紀末から21世紀にかけて市町村合併が議論されるようになったのは（法律レベルで見てみると1995年の市町村合併特例法の改正が今回の合併論議のスタートといってよいだろう。それまでの合併中立法から合併推進法へ性格を変えたのが1995年の市町村合併特例法の改正だったからだ。地方分権推進法の成立と同じ年に市町村合併特例法が改正されていることに注目しておこう。）、大きく分けて3つの理由があると考えられる。

　(1) 1つは戦後半世紀の住民の活動範囲の拡大であり、

　(2) いま1つは基礎的自治体としての市町村の担当する仕事（事務）との関係である。

　さらに(3) 21世紀における人口減少・少子高齢社会において持続可能な行財政システムという観点からも市町村合併の検討が必要となるだろう。

そもそも、市町村は何のために存在しているのだろうか。

市町村は市町村長のために存在している訳ではない。市町村議員、市町村職員のために存在している訳でもない。

主権者であり、スポンサーである市町村の住民のために存在している。「住民により安いコストでより良いサービスを提供する装置」、それが市町村の存在意義だと考える。

住民に道路というサービス、上下水道というサービス、教育・文化というサービス、福祉というサービスをより安いコストでより良く提供するために市町村という装置、存在があるのだと考える。

では、20世紀末の3,230弱の市町村が、「住民により安いコストでより良いサービスを提供する装置」としてふさわしいといえるだろうか。

先に述べたように、(1)住民の活動範囲の広域化、(2)「第3の改革」としての平成の分権改革でおりてきた市町村の担当する仕事との関係、(3)さらに人口減少・少子高齢社会への移行の中での持続可能な行財政システムという観点から見て、3,000強の市町村は見直しを迫られているということだと思う。

順に検討してみることとしよう。

2 住民の活動範囲の拡大

昭和の大合併が進められてから半世紀、日本の社会、経済構造は大きく変わった。それにともない、住民の生活範囲は50年前には考えられないほど広がった。

それがいま、市町村合併が求められる第1の理由だ。

そもそも半世紀前の昭和の大合併はなぜ行われたのだろうか。

1953年（昭和28年）に町村合併促進法が制定され、1954、1955、1956年（昭和31年）の3か年程度で日本の市町村数は1万弱から3,500程度へ一挙に3分の1になった。20世紀末、日本の3,230弱の市町村の大半はこのとき、いまの規模、エリアに再編された。

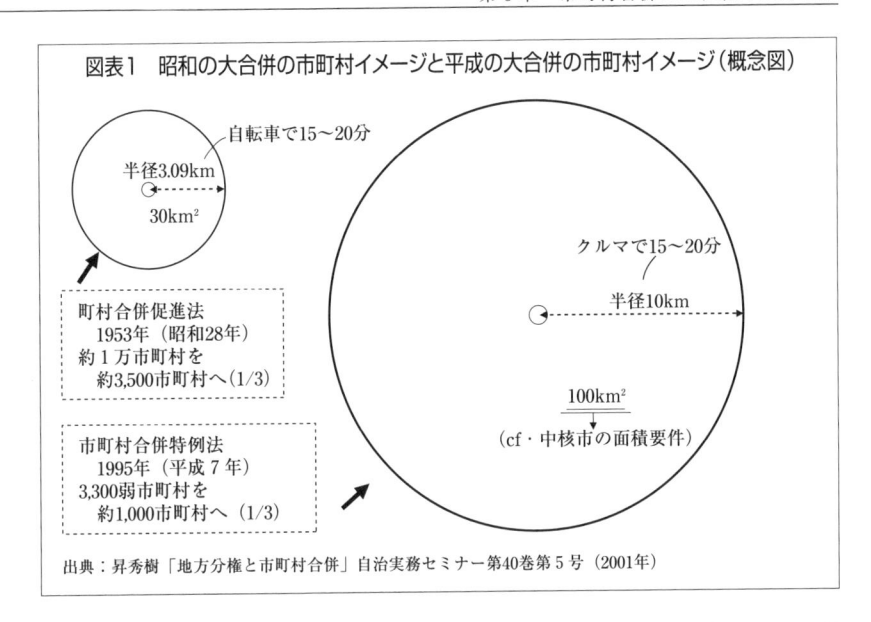

第6章　市町村合併と21世紀の地方自治

図表1　昭和の大合併の市町村イメージと平成の大合併の市町村イメージ（概念図）

- 自転車で15〜20分
- 半径3.09km
- 30km²

町村合併促進法
　1953年（昭和28年）
　約1万市町村を
　約3,500市町村へ（1/3）

市町村合併特例法
　1995年（平成7年）
　3,300弱市町村を
　約1,000市町村へ（1/3）

- クルマで15〜20分
- 半径10km
- 100km²
- （cf・中核市の面積要件）

出典：昇秀樹「地方分権と市町村合併」自治実務セミナー第40巻第5号（2001年）

　当時を振り返りながら成田頼明は「正式の記録には残っていませんが、面積は30平方キロというようなことも議論された[1]」とのべている。

　市町村を円に仮定すると面積30km²ということは半径3.09kmということになる。中心の役場から市町村の端まで3km強ということになる。（**図表1**）

　半世紀前の日本といえば、ようやく各世帯に自転車が普及したといってよい段階だった。市町村の中心の市役所、町村役場まで半径3km、自転車で15〜20分でいけるというのが昭和の大合併の1つの目安だったといってよいだろう。

　日本の戦後半世紀は経済成長という点から見れば世界史に例を見ない偉大なサクセスストーリーといってよいだろう。戦後半世紀で日本は急速に豊かになった。

　そして21世紀を迎えたいま、半世紀前の自転車に相当するのがクルマ、マイカーということになる。

　日本の人口は1億2,800万人だが、その日本に7,000万台を超えるクルマがある。

単純計算で２人に１台以上クルマがある計算となる。１家に１台どころか、１家に２台、３台、免許証の数だけクルマがある国に日本はなった。
　それにともない私たちの生活空間は戦後半世紀で飛躍的に広がった。
　明治の大合併の頃は徒歩で役場に出かけていたものが、昭和の大合併の頃は自転車で、そして平成のいまはクルマでという様に、住民生活のスタイルは変わった。
　クルマだけではない。ＪＲも私鉄もバスも、交通通信技術の発達、道路の舗装、改良でスピードアップした。（インターネットに代表される情報技術を使えば、そのスピード、サービス可能範囲はさらに広がることになる。）
　こうして住民の活動範囲はクルマに代表される交通手段の発達で飛躍的に広がった。
　主権者でありスポンサーである住民の活動範囲が広がったのであれば、「住民へのサービス提供装置」としての市町村も、その範囲を広げるべきだ（市町村合併すべきだ）ということになる。もちろん、クルマ、インターネットを使えない人に対するサービスは別途考えなければならないが。
　住民の活動範囲が広がったのは交通手段の発達だけが原因という訳ではない。
　職業構成の変化、進学率の向上、買い物・医療行動の変化など住民生活の構造変化も住民生活広域化の原因となっている。以下、順に検討していく。
　半世紀前、日本の職業構成は約半分が第１次産業従事者、中でも農業が最大のウェイトを占めていた。
　農業従事者の場合、その職場（すなわち田畑）は自宅から歩いていけるところにある。
　ところが半世紀たって、第１次産業従事者は１割を切り、第２次・第３次産業従事者が９割を超えるまで、就業構造はドラスティックに変わった。
　現在、就業者の７割以上は、商工業などのサラリーマンとなっている。サラリーマンとなると、自宅と職場が同じ市町村の中にあるとは限らない。
　住民の活動圏の拡大（通勤圏の拡大）に住民へのサービス提供装置として

の市町村の単位が追いついていないことが市町村合併が求められる理由の1つということになる。

通学圏についても同様のことが指摘できる。

小学校、中学校については、地元の市町村立の小・中学校に通う場合が大半といってよいだろう。

問題は、高校、大学だ。

1950年代の高校進学率は半分以下、40％台だった。中学校を卒業すると就職する人が半分以上だった。したがって、1950年代の通学圏は基本的に市町村内の範囲にとどまっていたといってもよいだろう。

ところが、高校への進学率は1970年代には90％を突破し、20世紀末には97％、ほとんどの人が高校に通う時代となった。

高校となると、通学圏は市町村のエリアを越えることとなる。毎日毎日、高校生の少なくない部分は市町村を越える単位——広域市町村圏等——で通学を行っている。

大学や短大への進学率も1950年代の10％程度から1970年代には30％代となり、20世紀末には50％に近づいている。

大学の通学圏となると、市町村はもちろん都道府県の単位を越えることも稀ではない。

通学圏も、昭和の大合併が行われた1950年代と現在を比較すると大きく広域化している。

買い物圏も半世紀で大きく広がった。

1950年代の買い物といえば、交通手段は徒歩か自転車くらいしかなかったから、地元の市町村内のよろず屋か商店街で毎日の買い物を済ませていた。

ところが、半世紀たって、マイカーの普及、電車の高速化等にともない、毎日の買い物圏も大きく広がった。

医療圏も戦後半世紀で大きく広がった。

日本で医療の国民皆保険が実現したのは昭和30年代。昭和の大合併が行われた昭和20年代では、腹痛、風邪くらいでは簡単には医者にはかからなかっ

た。

　仮に、医者にかかるようなことがあったとしても、交通手段は徒歩か自転車が一般的だから、地元の開業医にかかるというのが当時の医療圏だった。

　それから半世紀がたって、現在では、マイカーの普及、電車の高速化等にともなって、医療圏も大きく拡大した。市町村のエリアを越えて大きな病院に通うということが一般的になってきている。

　戦後の半世紀で、住民の通勤・通学圏、買い物・医療圏は市町村の境界を越えて大きく広がった。

　冒頭で触れたように、市町村は「住民により安いコストでより良いサービスを提供する装置」といえる。主権者であり、スポンサーであり、顧客でもある住民の日常範囲が拡大したのであれば、住民へのサービス提供装置としての市町村の単位も、それに合わせるのが原則ということになるべきだろう。

　子どもの身体が大きくなれば、それに合わせてより大きい衣服に替えていくように、住民の日常生活圏が戦後半世紀で広がったのであれば、市町村の規模の見直しが必要となる。

　「平成の市町村合併」が求められる第1の理由は、住民の通勤・通学圏・買い物・医療圏など日常生活圏の拡大にある。

3　市町村の担当する仕事と合併との関係
　　　──昭和の大合併をふり返る──

　本節では、市町村の担当する仕事（事務事業）との関連で市町村合併が求められていることを述べていくこととする。

　第2次世界大戦に敗れた日本は、GHQの占領下でGHQの言葉を借りれば、「軍国主義国家」から「民主主義国家」への転換を図ることになった。

　その一環として日本国憲法が制定され、その第8章に「地方自治」として独立の1章が設けられることとなった。そして、地方自治の強化、中でも住民に距離の近い基礎的自治体としての市町村への事務配分、行政事務処理能

力の向上が目指されることになった。

　たとえば、1949年（昭和24年）に出されたシャウプ勧告では、「強力なる地方自治」の必要性が説かれ、国及び地方団体間の事務配分、特に「市町村優先の原則」で、まず市町村に可能な限り事務を任せるべきものとされ、それを実現するために事務の受け皿としての市町村の合併を奨励勧告している。

　このシャウプ勧告を受けて、それを具体化するために設置された神戸委員会（地方行政調査委員会議）では、行政事務再配分に関する勧告において「町村は数にして約１万200、平均人口は5,000余人（この平均人口に達しない町村が約66％）にすぎない」として、おおむね人口7,000〜8,000人程度を標準として規模の合理化を図るべき旨勧告している。

　「昭和の大合併」が進められた１番大きな理由は、中学校の仕事が県から市町村におろされたことに求められる。

　中学校は、戦前は県の担当する仕事だった。

　それが第２次世界大戦に日本が敗れ、マッカーサー率いるＧＨＱの下で、日本にアメリカの多数の州で導入されている６・３・３制の教育制度が導入された。小学校６年間、中学校３年間、高等学校３年間のうち中学校まで義務教育となり——戦前の義務教育は小学校だけだった——、義務教育は基礎的自治体である市町村が担うべきであるというのがＧＨＱの考え方だった。

　そこで中学校の仕事が県から市町村へおろされることとなった。

　このことが昭和の大合併の最大の理由となった。

　中学校には、英語、数学、国語、理科、社会、図画工作、音楽、保健体育、職業家庭の９科目がある。

　中学校は小学校と違い、教える内容が専門分化してくるので、１人の先生がすべてを教える訳にはいかない。それぞれの科目に専任の先生が必要となる。

　最低でも９人の先生が必要となる。９科目の先生をそろえながら安いコストでより良い中学校の教育サービスを提供するためには、50人（１クラスの

> 図表2　昭和の大合併で、町村の規模として人口7,000〜8,000人が目標とされた理由
>
> > 新制中学校1校を独立して能率的に経営できる最低の規模は、次のように考えられた。
> > 　新制中学校には、国語・社会・数学・理科・音楽・図画工作・保健体育・職業家庭・英語の9教科がある。各教科について専任教師を置き、しかも、各教師の負担をおおむね平等にするようにするには、18人の専任教師が必要で、それは、各学年3学級ずつ計9学級で編成されている場合である。1学級の生徒数を40人とすれば全生徒360人、1学級の生徒数を50人とすれば450人となる。中学校の生徒数の全人口に対する比率は、統計によれば人口100について6.5人の割合であるから、360人の生徒数を有する人口は5,538人、450人の生徒数を有する人口は6,923人、約7,000人となる。
>
> 出典：佐久間彊『地方自治制度』（学陽書房、第3次改訂版、1965年）

生徒数、当時は50人学級だった）×9クラス＝450人の中学生が必要となる。当時の人口ピラミッドで逆算すると、7,000〜8,000人の人口規模が必要という訳で、おおむね人口8,000人以上を標準として昭和の大合併が推進されることとなった。（図表2）

4　「第3の改革」と市町村合併

　「第3の改革」としての「平成の地方分権改革」は、戦後の分権改革と同様、あるいはそれを上回る規模で改革が進められた。

　だとすれば、この観点からも市町村の規模の見直しが求められるようになる。市町村に仕事がおりてきて、その仕事を「より安いコストでより良いサービスを提供」するためには規模の見直しが必要となる。

　まずは「平成の地方分権改革」の中身を見てみることとしよう。

　1999年、国会で地方分権一括法が成立し、ほとんどの条文が2000年4月1日から施行されている。

　まず注目すべきは、法律案の分厚さだ。法律改正案、新旧対照表などいわゆる4点セットの分厚さは広辞苑2冊分に及んだという。（これは「空前」の出来事だ。おそらく「絶後」だろう。）

　法律案だけで9kgの重さがあったというから、少なくともその重さ、厚さ

において（量的側面）「空前」の大改正であったことは間違いない。

　次に質的側面だが、地方分権一括法は明治維新以降、2000年3月末までつづいてきた中央集権的システムの象徴ともいうべき機関委任事務を廃止するなど、「第3の改革」と呼ぶにふさわしい（明治維新、戦後改革に匹敵する、あるいはそれを上回る改革）改正内容を持っている。

　機関委任事務が廃止されて、その大半（55％）が自治事務となった。（残りの45％も法定受託事務という新たな法律概念の自治体の事務となった。）機関委任事務が自治事務に変わるということは具体的にはどういうことなのだろうか。そして、それが市町村合併とどのように関係するのだろうか。

　いくつかの具体的事例で見てみることとする。

　まずは教育の分野で見てみよう。

　2000年4月に東京都品川区が学校選択制を導入して話題を呼んだが、これは市区町村立の小中学校の通学区域（就学校の指定）が文部大臣（当時）の機関委任事務から市区町村の自治事務になったから可能になった。

　地方分権一括法が施行される2000年3月までは、公立の小・中学校の通学区域は文部大臣の機関委任事務として日本全国画一的に文部省（当時）が決めていた。

　日本の場合、1941年以降、当時のドイツナチスの教育制度をまねて、住居が決まれば自動的に通学する小・中学校が決まるという学校独占制（国民学校制）が導入され、戦後も変更されることなく2000年3月まで「国（文部省（当時））が考え、地方（県、市町村）が実行する」という体制の下で運営されていた。文部省（当時）が決めたとおりに、県、市町村の教育委員会がしたがうという中央集権型システムで運営されてきたのが2000年3月末までの仕組みだった。

　それが、2000年4月から、公立の小・中学校の通学区域が市町村の自治事務となった。通学区域をどうするか——これまでどおり独占制にするか、選択制にするか——は、全国の市区町村の教育委員会で考え、決定する権限と責任が国からおりてきた。

東京都品川区や岐阜県穂積町、三重県紀宝町などは学校選択制を導入した。
　住民から、「いま通っているＡ小学校ではなくＢ小学校に通いたい」という要望（陳情、請願等）、「なぜＢ小学校に通えないのか」という疑問が出てきたとき、2000年3月までなら「うちのマチ、ムラでは決めていない。文部省（当時）に聞いて下さい。」ですんでいたのだが、2000年の4月からは市区町村の教育委員会で決めるようになった。決める以上は責任も持たねばならない。（自己決定・自己責任型社会へ）
　なぜ、これまでどおり学校独占制にしているのか、説得力のある理由をつけて市区町村が住民に説明しなければならない。（アカウンタビリティ＝住民に対する説明責任）
　地方分権改革にともない、自治体職員が政策形成能力を身につけなければならなくなった理由はここにある。
　そうした政策形成ができる体制をつくるためには、市町村の規模の見直し——特に規模の小さい町村の合併の検討——が必要となるといってよいだろう。
　日本の小・中学校・高等学校のほとんどは「40人学級」の体制の下で運営されている。40人学級とは40人に1人、担任の教員がつくというシステムだ。
　たとえばある町の小学校の新入生が41人いたとすると2つのクラスをつくり21人のクラスと20人のクラスができ、それぞれに担任の先生がつく。新入生が40人の場合は1人しかつかない。
　ところで、この「40人学級」という仕組みは誰が決めたのだろうか。
　2000年3月までは、市町村の教育委員会で決めていなかった。都道府県の教育委員会でも決めていなかった。文部省（当時）が決めていた。文部大臣（当時）の機関委任事務として学級編成が行われていた。
　それが「平成の地方分権改革」で機関委任事務は廃止され、学級編成権が自治体の自治事務となった。市町村立の小・中学校については市町村の教育

委員会で、都道府県立の高等学校については都道府県の教育委員会で自己決定できるようになった。

　教育現場では学級崩壊、いじめなど様々な問題が生じているが、教育学者の中には40人学級というクラスの規模がその一因とする人がいる。

　欧米の15人学級、20人学級、あるいはアシスタント・ティーチャー制などに比べて日本は1人あたりの教員が担当する児童、生徒の数が多く、1人ひとりに先生の目が十分にいきわたらないと主張する。ちなみに、日本の人口1,000人あたりの公務員は、欧米諸国に比べて少ないことは事実だが、①軍隊の職員数が少ないこと、②教育、福祉など国民、住民への直接サービス部門の公務員数が少ないこと、③公社、公団、事業団、公益法人など外郭団体の職員数が日本は多いことに留意しなければならないだろう。

　全国の自治体に「40人学級を30人学級に、あるいは20人学級に」という陳情、請願が寄せられているが、それは欧米の実情や教育学者の主張を踏まえてのことである。アメリカでの実証研究によると、クラスの規模と教育効果については負の相関関係がある――クラスの規模が小さいほど教育効果は高い――ということが確認されている。

　そこで埼玉県志木市では小学校の1・2年生については25人学級を2002年4月から実施している。

　ところで市町村立の小・中学校についての学級編成は市町村の自治事務となったが、教員の給料は都道府県が支払っている。その関係で市町村は都道府県との同意を要する協議が必要とされている。

　ただ、志木市のケースでは埼玉県の費用負担が得られない場合でも、市の単独事業として教員を加配するとのことなので、市町村が教員の給料を自分で負担するのであれば府県の同意は形式的なものといってよいのかもしれない。

　通学区域の指定、学級編成が自治体の自治事務となったことにともない、府県、市町村の教育委員会は住民に対してなぜ、そのような通学区域にしているのか、学級編成になっているのか、説得力ある理由をつけて説明（アカ

ウンタビリティ）しなければならなくなった。その前提として、自治体は通学区域、学級編成等についての政策形成能力を持たなければならない。

　教育分野での専門家が自治体職員の中にもいることが望まれる。市町村合併が求められる理由の１つがここにある。

　2000年４月から介護保険法が施行され、全国の市町村は高齢者の介護に自治事務として取り組むこととなった。

　高齢者の介護は、かつては厚生大臣（当時）の機関委任事務だったが、老人福祉法の改正で市町村の団体委任事務となり、そして2000年４月からは介護保険法の施行で市町村の自治事務となった。

　高齢者の介護は市町村の権限、責任で行われることになった。

　高齢者の介護は保険という手法で行われ、その保険者は市町村ということになった。これはドイツ、オランダのような全国での保険方式とも、税方式でコミューン（市）が介護を担当する北欧方式とも異なる日本独自の方式といえる。（図表３）

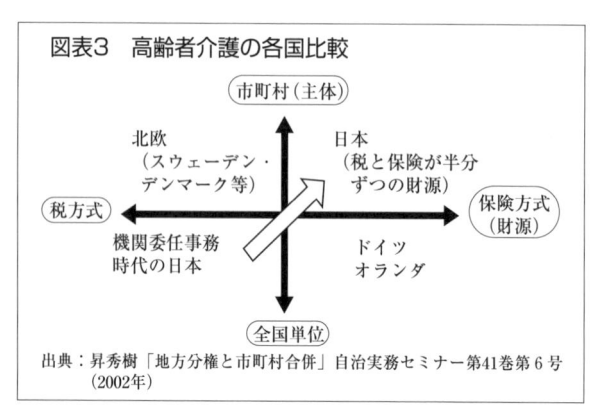

```
図表３　高齢者介護の各国比較
```

　　　　　　　市町村（主体）
　　　北欧　　　　　　日本
　（スウェーデン・　（税と保険が半分
　　デンマーク等）　　ずつの財源）
税方式　　　　　　　　　　　　保険方式
　　　　　　　　　　　　　　　（財源）
　　機関委任事務　　　ドイツ
　　時代の日本　　　　オランダ

　　　　　　　全国単位

出典：昇秀樹「地方分権と市町村合併」自治実務セミナー第41巻第６号（2002年）

　ところで保険というのはリスク分散のための手法だ。現在の日本でも後期高齢者（75歳以上）になると何割かの人が認知症か寝たきり（寝かせきり）になるという。そして、そうした要介護状態になった場合の要介護期間は平均で３年間だという。

　この介護をすべて外注（専門の看護師、保健師、ＯＴ、ＰＴ、ヘルパー等

への外注）で頼んだとすると、1年で400〜500万円、3年で1,200〜1,500万円かかるという。10人のうち何人かはそうなることが前もってわかっているのならば、事前に掛け金をかけておいて、幸か不幸か認知症か寝たきりになった人にそのお金をまわそうというのが保険というリスク分散のシステムだ。

　しかし、人口5,000人の町村で保険をやっても、リスク分散は十分ではない。たとえば10人で保険をやっていても、認知症か寝たきりの人が予定の3人より多く、5〜6人出てしまうと保険財政はパンクしてしまう。人口数千人の町村で介護保険を運営するということはリスクの分散が十分ではないということを意味する。

　この点からも市町村の合併が求められているという訳だ。市町村合併が諸般の事情でできないとしても、介護保険の単位だけは一部事務組合あるいは広域連合という単位で運営すべきだろう。その際、介護認定を広域でやるだけではなく、保険者としての単位を広域にすることが必要だろう。

　保険＝リスク分散という観点からのみ市町村合併が求められている訳ではない。

　市町村がサービス提供者＝事業主体として介護サービスを提供する場合も規模の利益を考慮しなければならない。

　たとえば特別養護老人ホームを設置、運営するとする。入所者1人あたり1か月の運営費にいくらかかるかを、厚生省（当時）は1995年度に青森県で調査している。それによると、30人入所のホームでは1人あたり1か月22万7,800円、50人入所のホームでは19万2,500円、100人入所のホームでは15万6,900円の運営費がかかるとの結果となっている。

　高齢者1人の入所者しかいなくとも、特別養護老人ホームの施設をつくり、まかない師、保健師、看護師、OT、PT、医者を配置すれば、特養のサービスを提供することは可能だ。しかし、割高となる。

　"規模の利益"を考えれば、一般的には入所者が100人は必要だというのが厚生労働省の考え方だ。入所者が100人となるためにはヒンターランド（後

背地)の人口が5万人以上必要とされている。この観点からも市町村の再編が求められている。

　地方分権改革にともない都市計画決定事務も従来の機関委任事務、団体委任事務から市町村の自治事務へと大きく変わることになった。

　用途地域のいわゆる"色ぬり"(住居地域、工業地域、商業地域等の決定)は建設大臣(当時)の機関委任事務であったものが市町村の自治事務へと改革された。

　従来は、土地利用の色ぬりは、原案は市役所、町村役場でつくっても、審議する審議会は府県の土木部に設置されている都市計画地方審議会だった。ここで答申を得て、府県と市町村の都市計画担当者が上京し、建設省担当官のご指導、ご助言を得て、最終的に建設大臣の許可、認可、決定で都市計画決定が行われるという仕組みだった。

　それが、地方分権改革後は、次のような自己決定、自己責任システム(市町村のことは市町村で決める)に変わることとなった。

　原案を市役所、町村役場でつくった後、新たに市町村に設置された市町村都市計画審議会で議論してもらい、市町村長あてに答申が出され、市町村長が用途地域の都市計画決定をすればそれで都市計画決定となる。

　「国が考え、地方が実行する」体制から、「地方のことは地方が自ら考え、実行する体制」に変わった。

　となると、市町村が都市計画という政策形成・調整能力を持たなければならない。

　都市計画の分野でいえば、たとえば、建築確認の仕事なども、本来府県よりも地域の事情がよくわかっている市町村が担当する方が望ましいといえるだろう。

　しかし、建設確認事務を市町村で担当するためには、建築主事という専門職を複数配置することが必要となる。人口5,000人の町で、建築主事を複数配置することは著しく困難といってよいだろう。町村職員の能力の問題ではなく、単純に規模の問題といえる。

人口10万人の市だと、職員数は1,000人程度。1,000人の職員規模なら、都市計画、福祉、教育など、それぞれの分野に建築主事、保健師、学芸員など専門職を複数配置することが可能となる。
　全国各地の府県で、人口10万人くらいの市を目途に建築確認の事務を市に移譲しているのは、ここに述べた事情があるからだ。
　都市計画、建築確認などの都市計画事務を市町村が自己決定し、責任を持つ体制をつくるためには、都市計画分野の専任職員を一定程度確保することが必要だろう。都市計画分野での政策形成・調整能力を市町村が持つためにも市町村の規模の見直しが求められている。
　これまでは地方分権改革にともない市町村に事務、決定権限がおりてきて、これに対応するためにも合併が必要だということを教育（通学区域、学級編成）、福祉（介護保険）、都市計画を例にとって説明してきた。
　以下では「行政の高度化と合併の関係」について考えてみたい。
　戦後60年、昭和の大合併からも半世紀がたって——昭和28年の町村合併促進法ができてから52年がたつ——、日本の行政ニーズ・住民ニーズの高度化、多様化の度合いは著しいものがある。
　ＩＴ社会への対応、グローバル化への対応、少子高齢化への対応などどれをとっても、それぞれの分野に精通した専門職員の配置なくしては対応困難なものばかりだ。ＮＰＯ・ボランティアの問題、男女共同参画の問題など、半世紀前には予想もしていなかった新しい市民ニーズにも市町村は対応していかなければならない。
　こうした高度化、多様化した行政ニーズ・住民ニーズに人口5,000人の町村で対応することが可能だろうか。
　人口5,000人規模の町村といえば職員数は50人前後が平均といったところだろう。日本の市町村の職員数は住民100人に1人といったところが平均である。規模の小さい町村はそれを上回る場合が少なくない。"規模の不利益"が働くからだ。
　50人の職員の自治体でそれぞれの行政分野の専門職を複数配置することは

不可能だ。

　50人の職場でＩＴ技術者、国際専門職、保健師、ＯＴ、ＰＴ、看護師、建築主事、学芸員、図書館司書…などといった専門職を配置することはできない相談といわねばならないだろう。職員の能力の問題ではない。単純に規模の問題だ。

　あるいは職員数50人の自治体でＮＰＯ支援室、男女共同参画室などの組織を持つことが可能だろうか。

　人口10万人程度の市なら職員数1,000人程度。1,000人の職員なら、①それぞれの行政分野に専門職を複数配置することも、②ＮＰＯ支援室、男女共同参画室など、新しい行政分野の組織を設置することも可能となる。

　戦後半世紀で著しく高度化、多様化した行政に対応するためにも合併の検討は避けられないというべきだろう。

5　合併は50年、100年持続可能なまちづくりを目指して

　(1)「明治の大合併」は市制町村制が施行される1889年（明治22年）に行われ、(2)「昭和の大合併」は町村合併促進法が1953年（昭和28年）に成立し、1954、1955、1956年（昭和31年）の３か年に集中的に行われた。

　(3)「平成の大合併」と呼ばれている今回の合併は、1995年（平成７年）に市町村合併特例法が成立し、2005年（平成17年）３月までの時限法（第１次合併。第２次合併は平成17年４月からスタート）とされているのに合わせて行われている。

　1889年、1956年、2005年と、ほぼ半世紀ごとに市町村の規模の再編、広域化が進められていることがわかる。合併は２、３年の短期マターではなく、50年、100年の長期のまちづくり、住民生活のありように関わる事柄だ。

　50年後、100年後の人々の「歴史の審判に耐えうる判断」を、それぞれの市町村の理事者、住民に期待したい。

　厚生労働省の社会保障・人口問題研究所によれば、2100年には、中位予測で人口は6,000万人台まで半減する（低位予測だと4,000万人台、現在の３分

の1）と見込まれている。

　さらに深刻なのは今後50年で生産年齢人口が半分になるという推測だ。しかも、大学卒の21.7％、高校卒の10.5％、計28万人が進学もしなければ就職もしない、両親へのパラサイト（寄生）族となっているという[2]。

　抜本的な改革が行われなければ、市町村、都道府県、国の財政は相当危うくなるといわなければならない。（2006年度末で775兆円の政府債務をかかえていることを考えれば現在でも十分危機的なのだが。）

　介護保険制度にも大きく影響する。高齢化で要介護者の増加が見込まれるときに、生産年齢人口が減り——しかもパラサイト族が増える可能性もある——、保険金を拠出する人たちの数が激減する。

　医療保険も年金も、いままでの「右肩上がり」の人口増加を前提としてきたシステムは、人口減少、特に生産年齢人口の減少によって抜本的な見直しは避けられない。

　住民生活の安定と安心（セーフティネット）に責任を持つ市町村は、当然こうした日本の人口構造の変化を織り込んでその運営にあたらなければならない。

　合併するかどうかの判断の基礎に、こうした中長期の人口見通しを持つことは不可欠といわなければならない。

　50年、100年先だけの話ではなく、1947年（昭和22年）から1949年（昭和24年）生まれの第1次ベビーブーム世代＝団塊の世代は、2005年のいま、56歳から58歳という年齢になり、早い人はすでに第1の職場を退職、遅い人でも60歳になる2007年から2009年には退職することになる。（行政改革の観点からいえば、このとき、退職不補充の覚悟で行政のスリム化、アウトソーシングを図れば、かなりの数の公務員を減らすことが可能だ。そのためにも合併は有力な選択肢の1つだ。）

　このことを市町村としてどう考えるか。辻山幸宣は次のように書いている。

　「今はありがたいことに昼間は会社が預かってくれていますので、地域で

はあまり面倒を見ないですんだんですね。従って主として主婦や子ども達とおとなしいお年寄りを中心とした政策を（自治体は）遂行すればよかったのですが、団塊の世代が会社を辞めますと、会社は引き取ってくれませんので地域をうろうろし始めます。地域をうろうろし始める団塊の世代の町を想像したことがありますか。えらいことですよこれは[3]。」

(1)大学紛争を闘い、その後(2)ニューファミリーと呼ばれ、そしていま、(3)リストラ、肩たたきの対象となっている団塊の世代、第1次ベビーブーム世代が会社を卒業し、地域社会に戻ってきたときに（「会社人」から「社会人」へ）、この人たちのパワーとエネルギー、知識、経験をより良き地域づくりに結びつけることができるかどうかに21世紀前半の日本の命運がかかっているといってもオーバーではないかもしれない。

現在、どちらかといえば中高年の主婦が主要な担い手のＮＰＯ、ボランティアの世界に退職した「団塊男性」をいかに組み合わせることができるか、相互の理解とそのためのノウハウの開発がいまほど求められているときはないといってよいだろう。

「同様に、今現役の会社人間も『燃え尽き症候群』とかいわれて、会社に対するロイヤリティをちょっと失いつつある。確かに40歳代後半から子会社へ行かないかと肩叩かれて、子会社だったら重役だなと思っていったら、なんと行った先はすぐに倒産してしまったとか、いろんなケースがあって、あまり会社を信用しなくなっている……このように会社を信用しなくなった人間達が子会社を離れて30代40代で地域で何か起こし始める気配があるんです[4]。」

①自治体の議員とか、②コミュニティビジネスとか、③ＮＰＯとか、④グリーンツーリズム、⑤有機農法とかが、彼らあるいは彼女たちのマチ、ムラでの活躍フィールドとして選択されはじめている。

"グローバル経済の中での競争"という「会社での競争」とは少し違うタイプの「地域の食、エネルギー、ケア（介護）、コミュニティ」などの地域内循環の「顔の見える関係」、それゆえに「相互に信頼のおける関係」の中

で、安心と安全とクオリティ・オブ・ライフ（生活の質）を追求するまちづくり、むらおこし（スローフード、スローライフ）に取り組みはじめている30代、40代の人々が日本各地に散見されるようになった。

「団塊男性」と「中高年の主婦パワー」それに「ドロップアウト（あるいはドロップアップ）した30代、40代の現役世代」をいかに組み合わせ、より良きマチをムラをつくっていくかが、市町村の腕の見せ所といってよいだろう。

そして、可能なら、やや存在感の薄い感じのある10代、20代の若者をどうインボルブしていくか（巻きこんでいくか）も大事な課題といってよいだろう。

6　775兆円の政府債務を解決するためにも合併は必要

これまで市町村合併が求められる理由として、(1)住民の日常生活圏の広域化、(2)市町村が担当する仕事の増大（平成の地方分権改革）、(3)人口減少、少子高齢社会への移行について述べてきた。

本節では(4)775兆円に及ぶ政府債務（2006年度末）を解決するためには、①増税（消費税の2桁化等）は避けられないが、その前提として、②行政改革が不可避となる。国も県も市町村も行革に本格的に取り組まなければならないが、「市町村にとっての究極の行革が合併」であるということを以下に説明したいと思う。

2006年度末で国債、都道府県債、市町村債を合わせると775兆円という巨額な金額になる。日本のGDPが約500兆円だから、GDPの150％強の政府債務をかかえているということになる。

1国のGDP、GNPを政府債務が超えるというのはきわめて異例だ。戦争でもなければ普通はこういうことは起こらない。戦争でもなかなかGDP、GNPを超えるところまではいかない。

明治以降の日本を例にとると、日本は日清、日露、第1次世界大戦、第2次世界大戦と4回戦争を戦っている。このうち政府債務がGNPを超えたの

は第2次世界大戦のとき、1度しかない。

　日清、日露、第1次世界大戦の中で、もっとも政府債務比率が高かったのは「国運を賭けた戦争」であった日露戦争だが、そのときですら政府債務比率は当時のGNPの85％程度だったという。

　2005年のいま、戦争もないのに、私たちはGDPの150％強もの政府債務をかかえている。

　世界最大の格付け会社ムーディーズが指摘するように「現在の日本の財政の状況はきわめて異例」「先進国が経験したことのない状況」にまで悪化していることは確かといわなければならない。

　しかも、政府債務はまだまだ増えつづける。勘違いしてはいけないのは小泉構造改革というのは、政府債務を減らす改革ではないということだ。

　小渕内閣のように「世界最大の借金王」と自ら表現するほど、野放図に政府の借金を増やすのではなく、政府債務の増え方をマイルドなものにするというのがこれまでのところの小泉構造改革だ。

　2002年度政府予算の編成にあたっては、何とかギリギリ30兆円の国債発行枠を守った。それでも、国債は30兆円増える。都道府県も市町村も地方債を発行するから、政府債務は50〜60兆円増えていく。

　2003年度以降の政府予算では、30兆円の国債発行枠の設定は無理ということになった。30兆円を数兆円上回る国債発行がつづいている。（2006年度予算では久しぶりに国債発行は30兆円を下回った。）

　しかも、日本はこれから人類が経験したことのない速さと規模で超高齢社会に移行することが確実視されている。

　第1次ベビーブーム世代＝団塊の世代が65歳以上になる2015年には、日本は人口の4分の1以上が65歳以上という、世界のどの国も経験したことのない超高齢社会に世界で1番最初に到達する。2050年には人口の3分の1以上が65歳以上という超超高齢社会に突入する。

　高齢者が増えれば老人医療費も、介護費用も、年金も急速に増大することになる。

2006年度末に775兆円の政府債務は、構造改革を行わなければ、遠からず1,000兆円を突破してしまうことになる。

　「そんな国の国債は危なくて買えない」というのが、ムーディーズに代表される世界各国の格付け会社による日本国債の格下げだ。7年前のAaaからAa1、Aa2、Aa3と格下げがつづき、2002年の5月末にはA2まで一挙に2段階格下げされてしまった。先進国では例のない異常な事態だ。(**図表4**)日本の国債、財政状況は世界のマーケットからイエローカードをつきつけられているといってよいだろう。

　「国の借金返済のために市町村合併をするというのは筋違いだ」という反論をよく聞く。

　この反論は半分はあたっている部分があるといってよいだろう。というのは、政府債務775兆円のうち地方自治体の債務は約200兆円で、国の債務が500兆円強を占めているからだ。地方の債務約200兆円にしても、国の景気対策に協力させられたという側面がない訳ではなく、その意味で国の責任は重

図表4　日本国債の格下げ

(1) 日本国債格下げの推移

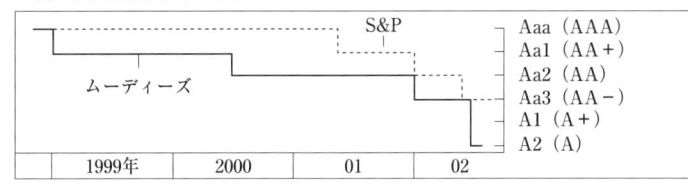

(2) ムーディーズによる主要国・地域の格付け（自国通貨建て）

格付け	主　要　国
Aaa（AAA）	米国, 英国, ドイツ, フランス, カナダ
Aa1（AA+）	ベルギー
Aa2（AA）	イタリア, ポルトガル
Aa3（AA−）	台湾, 香港
A1（A+）	チリ, チェコ, ハンガリー, ボツワナ
A2（A）	日本, イスラエル, ギリシャ, 南アフリカ, ポーランド

出典：昇秀樹「地方分権と市町村合併」自治実務セミナー第4巻第8号（2002年）

いといわざるを得ない。

　しかし、地方自治体にもまったく責任がない訳ではない。日本は民主主義システム、地方自治システムの下で政治、行政を運営している国だ。

　地方自治体が起債をするには、首長が地方債を含めた予算案を議会に提案し、議決を経なければならない。自治体によって地方債の多寡が大きく違うのはこのためだ。

　国の方が責任が大きいとしても、だからといって地方自治体が免責される訳ではない。

　さらに、「住民」は同時に「日本国民」でもある訳だから、その意味では住民は、国民として政府債務775兆円に無関心、無責任である訳にはいかないだろう。

　さて、日本の政府債務775兆円は他の国と比べてどれほど悪いのだろうか。

　国の借金の度合いは、その国の経済規模に対する債務残高の割合で判断するのが一般的だ。日本は2006年度末で150％強でＯＥＣＤ（経済協力開発機構）加盟国（先進国）の中で最悪の位置にある。

　「2002年度末の数字で、アメリカは58％、イギリスは50.9％、1990年代以降各国が改善していく中、日本だけがついにイタリアまでも抜いて最悪になった。ちなみに、1998年に起きたあのロシアの財政破綻（はたん）のときでさえ、ロシアの財政赤字はＧＤＰの60％である[5]。」

　財政赤字で知られるイタリアの国債よりも格下に位置づけられている日本国債は、当然のことながら、イタリアより高い金利を払わなければ世界のマーケットでは引き受けてくれない。イタリアだけではない。アイルランドやスペインよりも日本は、高い金利をオファー（申し出）しなければ国債を引き受けてもらえない。

　「海外の国が日本で発行する円建ての『サムライ債』というのがあるが、このサムライ債が、いまや日本国債より高く評価されているのだ。たとえば、アイルランドが円建てで発行している国債と、同じ満期の日本国債を比

較すると、日本国債のほうが金利が高くつく。つまり、アイルランドのほうが、円建ての本場である日本の債権市場で、地元国の日本よりも低い利息で借りられるのだ。スペインやイタリアの円建て国債も、同様だ。日本は、そのホームグランドにおいてさえ、国債発行の信用力において、アイルランドやスペイン、イタリアに負けるのである[6]。」

　まずは、この危機的状況に日本国民の比較的多数の人々が気づくことが大切だろう。（もちろん、国民から付託を受けた政治家、官僚、自治体職員は、この状況を正確に認識していなければならない。）

「日本人は、海外の金融機関や当局が、日本の財政状況をいかに深刻にとらえているかに気づいていないのである。もしも日本でクラッシュが起きた場合、アルゼンチンの通貨危機よりも、はるかに世界経済に与える影響は大きいはずなのに、当の日本人にはその自覚すらないのである[7]。」

　もちろん、市町村合併だけで775兆円の政府債務が解決できる訳ではない。

　総務省の試算によれば、市町村合併が政府・与党の目標である1,000市町村程度まで進んだとすれば、毎年4～5兆円（消費税2％程度分）の行政改革効果があるという。

　これを大きいととらえるか、小さいととらえるかは論者によって違いはあるだろうが、少なくとも市町村合併だけでは775兆円の政府債務の解決にはつながらないことは確かだ。

　市町村合併がある程度進めば、今度は都道府県の再編、道州制の検討が進められなければならない。論者によっては"廃県置藩"、すなわちイギリスのサッチャー政権が断行した県の廃止を主張する人もいる。

　そして、さらなる国のスリム化も必要だろう。こうして徹底的な行政改革を進めた――公務員の分限免職処分の検討も必要になるかもしれない――上で、国民に「痛み」を分かちあってもらうことも必要不可欠だろう。消費税の2桁への引き上げ、介護保険料の引き上げ、年金の支給水準の切り下げ…などなど。

仮に、消費税を5％から10％に引き上げたと仮定しよう。上がった5％分は老人福祉の充実にも、高速道路・新幹線の建設にもあてない、すべて借金の返済にまわしたと仮定する。消費税1％で2兆円強の税収となる。5％で10兆円強。1年間に10兆円強返せる。10年間で100兆円強を返せる。
　775兆円の政府債務を返すためには、元金だけで80年かかることになる。利息をつければ100年以上かかる。全額返さなくても、財政のサスティナビリティを維持できればよいというのが多数説だが、ここでは話を簡単にするために、全額返済するものとして試算する。
　しかも、775兆円はこれからまだふくらむ。政府の経済財政諮問会議の考え方は2010年代の前半にプライマリーバランスを0に戻すということだから、2010年代前半まで政府債務は増えつづけることが見込まれている。
　775兆円の政府債務の問題を解決するためには消費税を中心とする増税は不可避だが、その前提として徹底した行政改革は不可欠といわなければならない。
　国も都道府県も市町村も徹底した行革を進めなければならない。市町村にとっての「究極の行革が市町村合併」ということになる。
　そういう意味で、市町村合併の検討は避けて通れない課題といってよいだろう。

7　合併が求められる理由と合併に反対する理由

　これまで市町村合併の求められる理由として、(1)主権者でありスポンサーである住民の活動範囲の広域化、(2)平成の地方分権改革にともなう市町村の仕事（権限、責任）の拡充（教育事務、介護保険事務、都市計画事務の自治事務化等）、(3)人口減少、少子高齢社会への移行、(4)政府債務775兆円の問題解決のために不可欠な行政改革の4つをとりあげ、順に検討してきた。
　(1)は行政サービスのディマンド・サイド（需要側）の理由、(2)は行政サービスのサプライサイド（供給側）の理由、(3)(4)は行政システムのサスティナビリティ（持続可能性）確保のための理由といってもよいかもしれない。

(1)行政サービスの享受者、需要者としての住民の活動範囲がマイカーの普及等にともない拡大したのであれば、行政サービス提供者としての市町村の単位も拡大するのが原則となる。

そして、(2)平成の分権改革で市町村におりてきた仕事を「より安いコストでより良いサービス」として提供するためには、「分権の受け皿」としての市町村の行財政能力の充実強化が必要だ。

さらに、(3)人口減少、少子高齢社会への移行の中で775兆円の政府債務の問題を解決するためには、消費税を中心とする増税は不可避だが、その前提として徹底的な行政改革は不可避だ。国も都道府県も市町村も行政改革に真剣に取り組まなければならない。市町村にとっての「究極の行政改革が市町村合併」ということになる。

こうして、いま、全国各地で市町村合併の検討が進められているのだが、福島県矢祭町のように「合併をしない宣言」をしている町もない訳ではない。

合併に反対をする立場の人々の反対論には様々なものがあるが、本質的な反対論、聞くべき耳を持たなければならない反対論は、「住民自治」「草の根民主主義」尊重の観点からの反対論だろうと考える。

すなわち、(1)経済的には合併した方が効率的であることは認めるとしても、(2)政治的には基礎的自治体の規模が大きくなりすぎる（人口的にも、面積的にも）のは住民の声が市役所、町村役場に届きにくくなる、それは「草の根民主主義」の観点からは問題だという反論だ。

民主主義とはコストのかかるものだ、(a)市町村の規模の小さいことは経済的には非効率かもしれないが、(b)それは政治的にいえば、民主主義を維持発展させていくためのコストだと反論する訳だ。

まず、「経済的には合併した方が効率的」という合併推進論者の根拠の方から確認しておこう。

住民1人あたり行政コストは人口10万人あたりまでは急速に減少していき、人口10万人を超えるあたりからは減少のスピードがマイルドとなってい

く。(地方交付税はこのことを考慮し、人口10万人の市を標準団体とし、基準財政需要額を算定し、それを下回る団体に段階補正の措置を講じてきた。交付税の簡素化の一環としてこの段階補正の縮小が進められており、その結果、人口規模の小さい町村の交付税交付額が急減している。)

いつの時点のデータをとるかによって変わるのだが、ほとんどの場合、人口20～30万人あたりのところで住民1人あたり行政コストが底をうち、それを上回る人口になると少しだが、住民1人あたり行政コストが上がりはじめる。

市町村の人口規模が大きくなれば、住民1人あたり行政コストが小さくなるのは「規模の利益」が働くからで納得がいくのだが、人口20～30万人を超えると少しではあるが、住民1人あたり行政コストが上昇するのはなぜだろうか。

それは、(1)人口20万人を超えると「20万人特例市」、(2)30万人を超えると「中核市」、(3)50万人を超えると（運用上はこれまでは100万人、今後は70万人）「政令指定都市」となることができ、他の市では処理していない仕事（①都市計画決定、許認可事務、②保健所の設置、③国道・県道の管理等）を(1)20万人特例市、(2)中核市、(3)政令指定都市は処理することができるようになるからだ。

こうした普通の市では処理していない仕事を除いて——他の市町村の仕事に合わせた形で同じ条件で——住民1人あたり行政コストを算出すると、人口20～30万人を超えてもやはり少しずつではあるが、住民1人あたり行政コストは下がっていくこととなる（総務省試算）。

経済的に考えれば、基礎的自治体の規模を人口10万人程度まで集約することが望ましいということになる。もちろん、市町村のエリアを考えるとき、人口規模だけではなく、面積、地形、歴史等もあわせて考えていかなければならないが、ここではもっとも影響力の大きい人口を指標、1つの目安として考えている。

政府、与党が2005年3月末までに3,000強の市町村を1,000程度、3分の1

に集約したいという1つの根拠はここに求められる。

　日本の人口は1億2,800万人。単純に1,000市町村で割れば、1市町村あたりの平均人口は12万8,000人ということになる訳だ。

　人口規模が10万人程度の基礎的自治体にしたい、そうすれば住民1人あたり行政コストはかなり下がる。交付税交付額も、試算では毎年5兆円程度減少することができる（総務省試算）というのが政府、与党の目指しているところだ。

　石原信雄元自治省事務次官・元官房副長官は、「基礎的自治体は10万人以上であるべきだ」と主張している。人口10万人以上の都市を基本に市町村の制度を再編すべきだという訳だ。一定規模以上の都市（10万人以上）を基本に基礎的自治体の制度を組み立て、それを下回るところは例外的なものとして位置づけようという考え方である。

　佐々木信夫も「最も効率の良い市制度の規模として15～30万市を標準市、少し小ぶりだが5～15万市を普通市とおき、この二つを市制度の原則[8]」とすべきだと主張している。

　そして「人口1～2万程度の小規模自治体について、普通市の例外という形で新しい町村制として位置づけたらどうか。この小規模町村については、現在の国民健康保険や介護保険に関する事務は府県に事務移管し、戸籍や住民票、印鑑登録証明に関する事務、小中学校の管理・運営に関する事務、身近な衛生行政などに限定した役割を担う新町村制とするのである。また道路整備などの公共事業、教育、福祉、医療は都道府県や隣接都市に委託代行させることも考えられる[9]。」と主張している。

　政府の経済財政諮問会議も、「人口数千の団体と数十万の団体が同じように行政サービスを担うという仕組みを見直し、団体規模等に応じて仕事や責任を変える仕組みをさらに検討する」（たとえば、人口30万人以上の自治体には一層の仕事と責任を付与、小規模町村の場合は仕事と責任を小さくし、都道府県などが肩代わり等をする）という方向を示し、それを受けて総理大臣の諮問機関である地方制度調査会でも、「基礎的自治体としての都市」と

「人口規模の小さい町村」を異なる制度の下に置く——人口規模の小さい町村の自治権がかなり制約される方向——ことを提言している。

人口規模の小さい町村から自治体としての色彩を薄めることについては、「草の根民主主義」の観点から異論も出ているが、政府、有力者の思考方向は「規模の利益」を重視する方向で議論が進められている。

市町村合併について筆者は、「市町村合併と都市内分権」を組み合わせるのが妥当だと考える。

(a)合併推進論者が主張するように、経済的に合併した方が効率的といえる。

(b)しかし合併反対論者が主張するように、政治的に合併して市町村の規模を大きくするだけだと、住民から自治体への距離は大きくなってしまう可能性が高い。

この(a)(b)双方の要請を調和する「第三の道」はないものだろうか。

そこで、(c)欧米によく見られる「都市内分権」を市町村合併とセットにすることで、(a)経済的な効率性と、(b)政治的な草の根民主主義の双方の要請を満たす新しいまちづくり、自治体づくりを目指すべきだと筆者は考える。

これが愛知県市町村合併要綱検討委員会（筆者は同委員会の座長をつとめた）の結論であり、神田愛知県知事への答申、提言書で「市町村合併と都市内分権」を提案したところだ。

①イタリア・ボローニャ市の地区住民評議会、②スウェーデン・ストックホルム市の地区委員会、③ドイツ・ベルリンの地区会議、④アメリカ・ニューヨークのコミュニティ・ボードのような狭域自治＝都市内分権の仕組みを日本の基礎的自治体にも導入すべきだろう。

愛知県への答申後、国のレベルで法律改正が行われ、市町村合併特例法、地方自治法で「地域審議会」「地域自治区」という制度が創設されたが、この２つに限定することなく、自治体のアイデアで地域の実情にマッチした様々な狭域自治＝都市内分権の仕組みにチャレンジすべきだと考える。神戸市や宝塚市のまちづくり協議会、東京都中野区や目黒区、三鷹市の住区協議

会などは、日本における狭域自治＝都市内分権の先進的取り組みといってよいだろう。

8　構造改革の中での市町村合併の位置づけ

　市町村合併は、中曽根・土光臨調、橋本行政改革、小泉構造改革とつづく20世紀末から21世紀初頭の日本の構造改革——「この国の形」を変える改革——の中でどのように位置づけられるのだろうか。

　1981年3月、いまから25年前に発足した第2次臨時行政調査会（会長の土光敏夫経団連名誉会長の名をとって「土光臨調」と一般に呼ばれている）が、20世紀末の土光・中曽根行革から、21世紀初頭の小泉構造改革に至る、世紀をはさんでの「この国の形」を変える構造改革の出発点だったといえる。

　もちろん、土光臨調の前にも行政改革の取り組みがなかった訳ではないが（1960年代の第1次臨時行政調査会等）、土光臨調は、行政改革の質、量双方の局面においてそれまでの行政改革を大きく変えたという点で画期的なものだったと評価できるだろう。

　すなわち「土光臨調がそれまでの行政改革の議論を新しくしたのは、行政改革の議論において『官民の役割分担論』を正面から強く押し出したこと[10]」による。

　それまでの行革論が、役所の機構・定員の合理化・効率化など——たとえば1省庁1局削減、国家公務員総定員の縮小など——、行政内部の狭い範囲の議論にとどまっていたものを、土光臨調は「そもそも政府はどこまでの仕事をすべきものか」という観点から、一挙に議論の土俵を広げた。

　その結果、それまでは行革の論議の対象となっていなかった社会保障政策や農業政策など、制度・政策そのものが議論の対象となった。

　土光臨調の目に見える成果としては国鉄、電電公社、専売公社のＪＲ、ＮＴＴ、ＪＴへの民営化（3公社の民営化）をあげることができるだろう。

　1990年代に入ると、行政改革はさらに新たな局面を迎えることとなる。

①日米構造協議などアメリカからの外圧と、②日本国内における参加型民主主義の要請の強まりなどから、行政手続法、情報公開法制定の動きが強まり、それぞれ中央政府（国）の法律として実現することとなる。自治体においては国に先んじて情報公開の制度化が進んでいたことは「政策の実験室」「先取り施策実現主体」としての地方自治の機能を考える上で大切なことといえるだろう。1990年代後半「官官接待」が大きな問題となったが、情報公開条例により、市民・オンブズマンの側に情報公開請求という武器が与えられたことが、その大きな要因となっていることを忘れてはならない。

　行政改革は「1980年代までの効率化」という目標以外に「透明な政府をつくるべきだ」という英米法型の目標、流れが加わってきた。

　その背後には、①1980年代後半からはじまった政治改革の動き、②1990年代前半のめまぐるしい与野党の交替という現象が影響を与えているといってよいだろう。

　これらと関連しながら地方分権や規制緩和、ＮＰＯ支援の動きも本格化し、それぞれ一定程度の成果をあげることができた（地方分権一括法、ＮＰＯ法の制定など）。

　「地方分権や情報公開などについては市民による行政の監視・行政への参加という発想が強く含まれるものであり、ここにおいて、行政改革にはそれまでの官民の役割分担論に加えて市民参加論が登場した[11]。」といってよいだろう。

　行政改革は「狭義の行政」の改革だけではなく「広義の行政」、すなわち、政治の改革をも含んだ「政府の改革」に一歩踏み込んだことになる。（中央政府レベルで見てみると、三権分立での行政概念は「広義の行政」概念となり、そこから大臣等の政治家を除いたものが「狭義の行政」概念となる。政治家である大臣は広義の行政概念には含まれるが、狭義の行政概念からは政治家としてオミットされることとなる。）（**図表５**）

　1996年からはじまった「橋本行革」は、2001年「省庁半減」や「内閣機能強化」として実現したが、①「省庁半減」は土光臨調前の古典的な行政改革

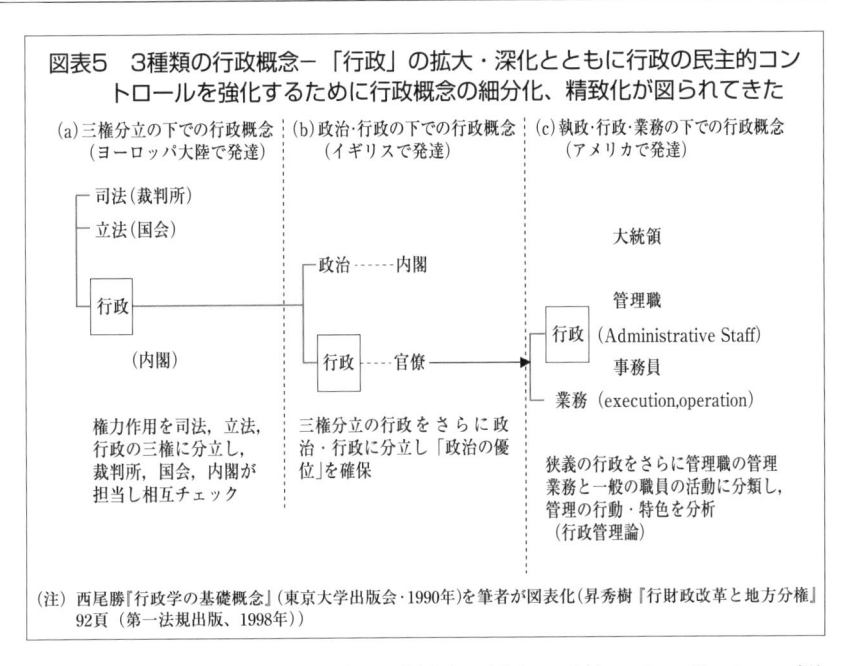

図表5　3種類の行政概念－「行政」の拡大・深化とともに行政の民主的コントロールを強化するために行政概念の細分化、精緻化が図られてきた

(a) 三権分立の下での行政概念
（ヨーロッパ大陸で発達）

- 司法（裁判所）
- 立法（国会）
- 行政
  - （内閣）

権力作用を司法、立法、行政の三権に分立し、裁判所、国会、内閣が担当し相互チェック

(b) 政治・行政の下での行政概念
（イギリスで発達）

- 政治 ---- 内閣
- 行政 ---- 官僚

三権分立の行政をさらに政治・行政に分立し「政治の優位」を確保

(c) 執政・行政・業務の下での行政概念
（アメリカで発達）

- 大統領
- 管理職
  - 行政（Administrative Staff）
  - 事務員
- 業務（execution, operation）

狭義の行政をさらに管理職の管理業務と一般の職員の活動に分類し、管理の行動・特色を分析
（行政管理論）

（注）西尾勝『行政学の基礎概念』（東京大学出版会・1990年）を筆者が図表化（昇秀樹『行財政改革と地方分権』92頁（第一法規出版、1998年））

論の再現、②「内閣機能強化」は「行政に対する政治のリーダーシップ強化」という質的行政改革ととらえることができるだろう。

　平成の市町村合併は、①効率を求める古典的な行政改革という側面と、②合併と同時に地域審議会、地域自治区など「都市内分権」の仕組みを準備し、市民参画、透明性の拡大を図ろうという質的な行政改革という２つの側面を持っていると評価することができる。この点が明治の大合併、昭和の大合併との１番大きな違いといえよう。

　ドイツは本章７で提言した「都市内分権」を制度化している国の１つだ。

　ドイツは連邦制の国だから、内政の基本的な権限は州が持っている。

　たとえば連邦政府には文部大臣はいない。16の州政府に各々文部大臣が置かれている。教育内容等は州に任されている。南のバイエルン州で教えられていることと、北のベルリン市（ベルリン市は特別市で州と同格）で教えられていることとではかなり内容が異なる。

　市町村の制度のあり方も州が各々州法で定めている。

いくつかの州では、人口規模が一定以上——たとえば15万人——の市町村では、必ず狭域自治（＝都市内分権）を制度化しなければならないと定めている。

　日本では平成の地方分権改革、その一環としての市町村合併が進められつつあるが、ドイツに学ぶべきことは多々あるようだ。

　市町村合併の次は府県の再編が検討課題となるが、ドイツの連邦制は人口8,000万人強で16の州だから1州あたり500万人の平均人口ということになる。アメリカも人口3億人で50の州だから1州あたり600万人ということになる。

　単純に人口1億2,800万人の日本の都道府県を500～600万人の人口規模で再編すると21～26の道州ということになるが、世上よくいわれている7～11のブロック別道州よりは数が多くなるが、どうだろうか。ドイツ・アメリカがいまの州体制をつくったのは、ずいぶん前だから、現時点ではもう少し人口も面積も大きい単位で広域自治体を考えてよいのかもしれない。

　いま1つは参議院、上院のあり方だ。

　ドイツは州政府の代表が上院のメンバーとなっている。アメリカも下院は人口比例だが、上院は人口に関係なく各州2人ずつということで州代表の色彩を強く持っている。

　民主主義の下での上院というのは、その位置づけが難しいのだが——イギリスのように上院が貴族院、下院が民選議員というのであれば、それなりに存在意義はわかるのだが——、ドイツやアメリカでは連邦制をとっていることとの関係で州の代表で上院を構成するという考え方をとっている。

　日本でも都道府県の再編が行われるとき、あるいは憲法が改正されるとき、それらとの関係で参議院のあり方を考えるというのは大事なことのように思う。ドイツ、アメリカのような上院であれば、日本でも地方自治関係の法律については参議院の先議などが考えられてよいのかもしれない。

9　官民あわせて競争力の回復を
——サプライサイド政策の一環としての市町村合併推進——

　現在の日本が直面している最大の問題の1つは、バブル崩壊後の経済停滞をどのように立て直していくかということだろう。そのことと、市町村合併との関係について触れておこう。

　1980年代のバブルの後、1990年代が「失われた10年」となり、アメリカを中心に"ジャパン・バッシング（日本たたき）"の風が吹き荒れていたのが、いつのまにか"ジャパン・パッシング（日本通過、中国、アジアへの関心の増大）"となり、さらに"ジャパン・ナッシング（日本など存在しない）"とまでいわれるようになってしまったのはなぜなのだろうか。

　結論からいうと、日本の競争力が大きく低下したことが"失われた10年"の根本的原因なのではないだろうか。

　IMDの国際競争力ランキングによれば、1989年から1993年までずっと1位だった日本の競争力は、1996年には4位に、2000年には24位に、2002年には30位にまで後退した。その後ようやく回復基調に入り、2003年には25位、2004年には23位、2005年には22位と順位を上げているものの、1980年代末の1位に比べると隔絶の感がある。

　ここにいう競争力とは、民間企業の競争力だけではなく、政府の対応力まで含めた総合力として定義されている。日本の苦境を克服していくためには、民間部門はもちろんのこと、政府部門の構造改革も必要不可欠だ。政府部門の構造改革の1つに市町村合併が位置づけられるという訳だ。

　(1)市町村合併の次には、(2)都道府県の再編、そして(3)中央政府の再整理という「日本の国の形」を変える改革の第1陣として市町村合併が位置づけられていることに注意しなければならない。

　1990年代が「失われた10年」となった1つの理由は、バブル崩壊後の経済停滞の原因を読み違えたことにあったのではないだろうか。

　バブル崩壊後、日本政府は10年間に150兆円以上の景気対策（公共事業、減税等）を行ってきた。しかしながら、この対策で経済がよくなったという

実感は薄い。デフレスパイラルの入口に立っているとの指摘もあった。

しかも、政府債務残高は2006年度末で775兆円にもなっている。膨大な借金を後の世代の日本人が返していかなければならない。

10年間で150兆円以上という巨額の景気対策の前提は「日本経済は強い経済である」というものだった。

「バブル崩壊後の一般的な経済に対する評価は『会社が悪いのは景気が悪いためである』として、『政府は何をしている』という批判であった。これは『日本経済』は強いのに『政府の政策の失敗』によって混乱に陥り、会社は大きな被害を受けたという認識であった[12]。」

しかしながら、10年間という長きにわたり、しかも150兆円以上という巨額の経費をかけて景気対策をやっても効果がないというのは、その政策の前提となる認識が間違っているということではないだろうか。正確にいえば、150兆円の景気対策は一定の効果はあったとはいえるだろう。地価、株価あわせて1,200兆円の下落、日本のＧＤＰ500兆円の2年分以上の資産下落にもかかわらず、日本のＧＤＰが1990年代でも年平均1％強の成長を実現したのは、リチャード・クーが指摘するように、巨額の資産下落にもかかわらず、大恐慌をくいとめる政府の需要の拡大で需給ギャップを埋めた、その意味での効果はあったというべきだろう。ただ、「経済の底割れを防ぐ効果はあったものの、景気の浮揚までの効果はなかった」というのが150兆円の景気対策の効果と限界ということではないだろうか。

先にＩＭＤの国際競争力順位で見たように、日本の競争力そのもの（供給サイドの要因）が弱体化しつつあったことこそが、経済停滞の主因ではないか。

(1)経済の需要（ディマンド）サイドではなく、(2)供給（サプライ）サイドが、1990年代を「失われた10年」とした主因だったのだと思う。

日本経済が、1970年代、1980年代のように強いままであったのであれば、(1)一時的に民間需要が落ちたときに、政府が公共事業で需要をつくり出せば経済は回復するはずだ。しかし、10年間で150兆円以上という景気対策をく

り返しても経済がよくならなかったとすれば、1990年代の経済不振の主因は、(2)日本経済そのものの供給競争力が弱体化していたと考える方が説得力があるように思う。

　ＩＭＤの国際競争力ランキングは、そのことを私たちに示しているといってよいだろう。

　農業時代であれば農地を拡大すれば供給力は増える。工業時代であれば工場、コンビナートをつくれば供給力は増大する。

　情報社会においては、情報を生み出す人間の教育、研究が産業・経済の競争力を規定する１番大きな要因ということになる。

　文部科学省の知的クラスター創生事業、愛知県の産業クラスター形成事業などのお手伝いをさせていただいているが、どちらも大学、研究機関の研究機能と産業をリンクさせ、国際競争力のある知的・産業クラスターをつくり出そうというサプライサイドの政策だ。

　「市町村合併」とそれにつづく「都道府県の再編」「中央政府の再整理」という中央、地方政府の構造改革も、国民、市民へのサービス提供装置としての政府の仕組みを抜本的に改革するという供給サイドの政策といってよよ

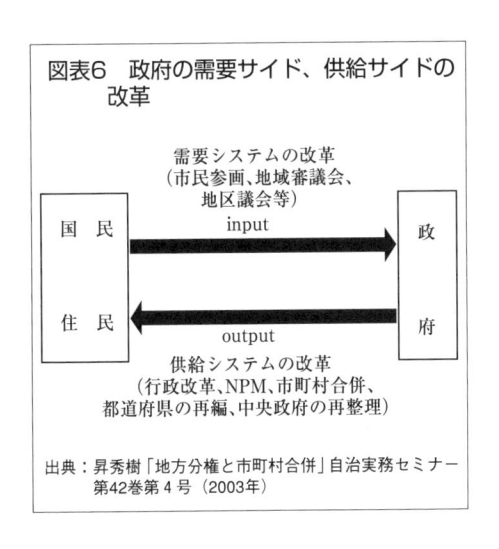

図表6　政府の需要サイド、供給サイドの改革

需要システムの改革
（市民参画、地域審議会、地区議会等）

国民住民　input →　政府
　　　　　← output

供給システムの改革
（行政改革、NPM、市町村合併、都道府県の再編、中央政府の再整理）

出典：昇秀樹「地方分権と市町村合併」自治実務セミナー第42巻第4号（2003年）

うに思う。それに対して地域審議会、地域自治区、地区議会など合併の後も地域の声を反映する仕組みを導入するというのは需要サイドの政策ととらえることができよう。(**図表6**)

　こうして企業、政府双方の供給能力をレベルアップし、日本の国際競争力を回復していくことが、21世紀初頭の10年、20年を「失われた10年、20年」としないために求められているのだと思う。

　官民の力を結集し、日本の国際競争力を回復、上昇させること、その一環として市町村合併が求められているのだと考える。

<注>
1) 成田頼明『地方分権への道程』226頁（良書普及会、1997）
2) 日本経済新聞・平成14年8月16日付け朝刊
3) 辻山幸宣『「政策法務」は地方自治の柱づくり：自治基本条例を考える』67頁（公人の友社、2002）（　）は筆者追記
4) 辻山（2002）70頁
5) 幸田真音ほか『幸田真音緊急対論日本国債』10頁（角川書店、2002）
6) 幸田（2002）14頁
7) 幸田（2002）14頁
8) 佐々木信夫『市町村合併』185頁（筑摩書房、2002）
9) 佐々木（2002）186頁
10) 並河信乃編著『検証行政改革：行革の過去・現在・未来』3頁（イマジン出版、2002）
11) 並河（2002）4頁
12) 吉田和男『日本再生・四つの革命：アメリカに学ぶべきこと、学ぶべきでないこと』186頁（ＰＨＰ研究所、2003）

第7章　道州制と21世紀の地方自治

1　国民、企業等が自分の力を引き出すことのできる環境整備が政治・行政の最重要任務の１つ

　国民、住民あるいは企業、ＮＰＯが自分の力を引き出すことのできる環境を整備すること、それが政治・行政が果たさなければならないもっとも重要な課題の１つだろう。

　パレスチナ、イラクなど政治的に安定していない国、地域においては人々が安定的に仕事に取り組む環境すら提供されていない。

　50％を超える失業率の国、地域で人々の幸せな生活が（個々人の幸福追求が）、国民経済が成り立つ訳がない。

　さて、日本である。

　日本の国民は、企業、ＮＰＯはグローバル化が急速に進展する20世紀末から21世紀初頭の世界の中で自分（達）の力を十分に発揮できる環境を与えられているだろうか？

　行政の規制、市町村の壁、都道府県の壁、国境の壁等で人々の、企業、ＮＰＯの経済的活動、まちづくり、ボランティア活動などが阻害されていることはないだろうか？

　ＥＵの市民、企業は国境を越えてパスポートチェックなしでポルトガルから旧ソ連領のバルト３国まで活動できる環境を提供されていることをどう考えるべきだろうか？ＮＡＦＴＡの企業は関税なしでカナダ、アメリカ、メキシコの北米３国で自由に輸出、輸入できるのに、日本とメキシコのＦＴＡ（自由貿易協定）交渉が農業関係者等の反対で頓挫したことをどう考えるべきだろうか？（いったんは頓挫したものの、メキシコ側の提案で交渉を再開して締結。）

中国は2010年までにＡＳＥＡＮとＦＴＡを締結することを宣言し、2004年の秋から毎年、広西チワン自治区の省都、南寧でＡＳＥＡＮ中国博覧会を開いているというのに、日本とＡＳＥＡＮのＦＴＡはまだ緒についたばかり。農業問題、介護などのマンパワーの受け入れをめぐって既得権団体の反対で交渉は難航が予想されている。

　日本が締結したＦＴＡは世界で成立している184（2003年5月末）のうち、シンガポールとのＦＴＡたった1件だけという状況である。（その後、メキシコと締結。）

2　見直しを求められる中央、地方の政府体系

　日本の47県体制が整ったのは1世紀以上前のこと。3,000強の市町村体制も半世紀以上前のこと。

　この50年、100年の間に世界は、日本は大きな変化を経験した。

　交通・通信技術の発達と料金の低廉化、東西冷戦の終結とグローバル経済の登場、少子高齢化の急速な展開…、こうした環境変化の進む中で3,000強の市町村、47都道府県、1府12省庁という中央、地方の政府体系は果たしてどの程度の合理性、存在意義を持つのだろうか？

　市町村については「平成の市町村合併」が進行中で、政府・与党は1,000程度の市町村に再編することを目指している。中央省庁については橋本行革で23省庁が1府12省庁に再編され、国会改革も行われ、司法改革も進行中である。（中央政府については行政、立法、司法の3権とも改革が進行中である。）

　都道府県については地方分権一括法で機関委任事務が廃止され、法的には「完全自治体」となるという機能、性格面での変化はあったものの、その区域は明治以降、1世紀以上、変化を見ていない。

　1世紀前には合理的であったかもしれない47県体制が21世紀に入ったいま、合理的なものかどうか、検討してみることは必要だろう。

(1) 国で、県で、経済界で、道州制の検討がはじまる

21世紀に入り、道州制が政治的プログラムとして脚光を浴びつつある。

2003年秋の衆議院総選挙（マニフェスト元年選挙）で自民党のマニフェストにも、民主党のマニフェストにも道州制の検討、導入が掲げられ、2004年度から北海道で道州制特区の検討がはじまっている。

総理大臣の諮問機関である地方制度調査会でも道州制についての本格的な検討がなされ、2006年2月28日「道州制の導入が適当」とする最終答申が出された。北東北3県は2010年を目途に合併し、北東北州をつくり、その後、東北州までもっていきたいとしている。

関経連、中経連などはかなり前から道州制を提案していたが、政治の動き等を受けて、再度道州制実現に向けた運動を展開しはじめている。

神奈川県、岡山県、富山県、愛知県などの自治体でも道州制の検討が進められている。

(2) 市町村合併の進展と道州制

道州制が21世紀の幕開けとともに脚光を浴びはじめたのは、①平成の市町村合併が進展していること、②20世紀末からの経済のグローバル化が本格的になってきたことが影響しているものと推測される。

市町村合併が進展し政令市、中核市、20万人特例市、市が増えて、町村が減るとこれまで府県で担当していた仕事のかなりの部分が市で対応可能となる。（たとえば建築確認、都市計画、保健・福祉等の仕事）

府県の仕事の空洞化が進展し、ある閾値を超えるようになると府県の存在意義そのものが問われるようになってくる。

たとえば、鳥取県は市町村合併パターンをいくつか示したが、1番大きいくくり方では鳥取市、倉吉市、米子市の3市の合併パターンだったという。仮に鳥取県がいつの日か、3市で構成されることになったとして、鳥取県は必要だろうか？

一部の論者はサッチャー改革のように府県を廃止して市と中央政府の2層

制に移行すべきだと主張するが——小沢一郎衆議院議員の「普通の国」の主張、細川護熙元総理の「廃県置藩」論——、多数の論者は府県を再編して道州制を導入すべきだと主張する。

(3) 経済のグローバル化と道州制

グローバル化の進展という側面からも道州制実現の必要性が説かれる。

文部科学省は、落ちてきた日本の国際競争力を回復するために、日本版シリコンバレーともいうべき「知的クラスター」を日本に何か所かつくろうとして知的クラスター創生委員会をたちあげた。筆者も委員の1人として議論に加わっているが、そこで香川県と徳島県が別個に知的クラスターへの申請をしていることが議論となった。

いわく、「世界の中で日本の国際競争力を回復しようというときに、香川と徳島が別個に知的クラスターをつくるというのはいかがなものか。」「地場産業ならありうるかもしれないが、グローバルに競争できる産業をつくろうというときには最低でも四国、できれば中国・四国という単位で知的クラスターをつくるということを考えるべきではないか。(もちろん、産業の種類によっては狭い単位で国際競争力を持ちうる場合もあるだろうが)」「グローバル化した現在の国際競争の単位はプリフェクチャー(県)ではなくリージョン(州)が一般的だ。」

グローバル競争の中で、都市、地域の競争する単位は prefecture(府県)ではなく region(州)だろう。欧米でも中国でもグローバル競争に参入している単位は州、省であって府県ではない。

中国で講演した際、講演の後の立食パーティーで九州のある県の香港事務所長さんの話をうかがった。「中国・香港の人々、企業に我が県に観光に来てもらったり、投資してもらうのが所長たる私の仕事なのですが、そもそも中国の人で我が県を知っている人がほとんどいません。九州なら知っている人はそこそこいるのですが。」

中国や世界の人が日本に観光に来るとして、大分県や熊本県を目的に来る

人はほとんどいない。日本に観光に来るか、せいぜい九州に観光に来る。投資するにしても、佐賀県や宮崎県に投資する人はほとんどいない。日本に投資するか、せいぜい九州に投資するか、のどちらかだ。

グローバルな地域間競争、都市間競争の時代にあって競争の単位は府県ではなく、道州ということの具体的意味はそういうことだ。

47都道府県がそれぞれの農業試験場、中小企業技術支援センターのようなものを持って地域の農業、中小企業の支援を行っているが、グローバル競争の時代にあっては各県単位の研究所、支援センターより九州、中部などのブロック、州単位の研究所、支援センターの方が税金の使い方としてはるかに有効、効率的なのではないか。

グローバル化以前の問題として、国内の経済活動と47都道府県体制の齟齬も道州制が求められる要因の1つといえる。1950年代の道州制論議、1960年代の府県合併議論の際の1番大きな府県再編、道州制導入の理由はこの点に求められる。この事情は現在においても変わらない。

「現在の都道府県の区域は、1888年の香川県誕生以来120年近くにわたって基本的には不変であるため、その後の交通通信の発達等を考えると、今日においては、その区域は広域的行政需要への対応の面で、もはや狭くなっている。また、河川管理、治山治水、地域の総合的な開発、広域的な交通体系の整備、環境保全、防災等の広域的な行政需要については、都道府県の区域を超えた対応が必要であり、そのためには、より広域的な行政主体として道州を設置することが適当である[1]。」。

現在の道州制論議は従来からの国内における経済圏との不一致に加えて、グローバル経済への対応という理由がさらに加わったと理解することができる。

(4) 財政危機への対処

「市町村合併が市町村にとっての究極の行政改革」と呼ばれることがあるが、道州制は制度設計のあり方によっては「国、府県を通じた究極の行政改

革」となる可能性を持っている。

　市町村合併と同様に「都道府県についても同様に規模の拡大によって行政のスリム化を図るべきである。特に、都道府県と国の出先機関で担っている行政分野の重複もあり、これを道州制の導入によって極力一元化することにより、人件費の削減等大幅なコスト減が見込まれ、財政状況の改善に資することが期待される[2]。」。

3　市町村合併、府県の再編をグローバルな視点から見てみると…

　日本の市町村合併、府県の再編・道州制の検討をグローバルな視点で考えてみると次のようなものになるのではないだろうか。

　いま、日本も含めて世界中で進行しているのは第3章でも触れたように、経済のグローバル化等に対応した「近代国民国家の再編成」なのではないか。その一環として日本でも市町村合併、道州制の導入検討、地方分権改革が進行中なのだと考える。第3章との重複をなるべく抑えながら、市町村合併、道州制との関係の文脈の中で「近代国民国家の再編成」としての20世紀末以降の世界の動き、日本の改革を見てみることとしたい。

(1)　20世紀末と18世紀末とのアナロジー

　資本主義の高度化に合わせて政府の再編成が行われているという観点からすれば、いま進行中の事態は18世紀末から19世紀に起こったこととよく似ているといってよいかもしれない。

　18世紀後半、イギリスで産業革命が起こり、近代資本主義が誕生し、封建領主等が没落し、近代国民国家が誕生したのはよく知られているところだが、それとよく似たプロセスを世界は経験しつつあるのではないか。

　中世、近世の手づくり（クラフト）産業の時代にはクラン（藩）という小さい単位の自給自足経済が基本単位だった。ところがジェームス・ワットの蒸気機関の発明で機械が生産を担当するようになると、とてもクランという

小さなマーケットでは商品をさばけなくなる。

　そこで新興ブルジョワジーたちはクランのくびきの撤廃（デレギュレイション）を要求し、近代国家というより広いマーケットでの経済活動を本格化させようとする。ブルジョワジーと国王の利害が一致し、封建領主、ギルド、教会等の課税権などを国王に一元化させる形で近代国家が誕生する。

　日本でいえば、明治政府は廃藩置県を断行し、大井川に橋をかけ、箱根の関所を廃止することによって、それまでの藩単位の自給自足マーケットから日本国という巨大なマーケットをつくった。

　こうして19〜20世紀は「１国資本主義」という単位で市場経済が発達した時代だった。この間、政治的には国王主権からブルジョワジーの支配する議会への権力移動が進み、さらには労働者・農民も参政権を持つ普通選挙の国民主権へ、さらには女性も参政権を持つ現代型の国民主権国家へと主権者が変わり「近代国民国家」が完成することとなる。

　ところが、20世紀末になると、交通・通信技術のさらなる発達、東西冷戦の終結…という環境変化の中でヒト、モノ、カネ、情報が国境を越えて大量に行き交うグローバル経済が誕生しようとしている。

　もっともグローバル経済といっても、カネ、情報のように重さがなく、輸送費がほとんどかからないものについては文字どおりグローバルな取引が展開されているが——ニューヨーク市場の後を東京市場が、東京の後をロンドン市場が受け持つ、為替市場、株式市場などはグローバル経済の象徴といってよいだろう——、モノ、ヒトのように重量があり輸送費がかかるものについては高付加価値なものであればグローバルな取引もあるが、そうでないものは一挙にグローバル化というよりもヨーロッパや北アメリカ、アジアといったブロック単位での取引になるものも少なくない。

　ＥＵやＮＡＦＴＡに代表される自由貿易協定がブロック単位で結ばれることが多いのはこうした理由による。この点で、アジアＮＩＥＳ、ＡＳＥＡＮ、中国、インド…と成長力の高いアジア諸国を近くに持っている日本はヨーロッパやアメリカに比べると有利な地理的条件にあるといってよいだろ

う。
　こうした経済のグローバル化、ブロック化に合わせて「近代国民国家の再編成」が世界各地で進行中なのだと思う。

(2) 経済成長の基盤づくり、環境づくりの仕事はEUという超国家機構に移行させつつあるヨーロッパ

　ヨーロッパは第2次世界大戦後、石炭鉄鋼共同体、EEC、ECという形でその統合を進め、グローバル経済化が本格化した1980年代からその統合を深化、拡大させ、EUへのバージョンアップ、統一通貨ユーロの誕生と流通、東方へのEUのさらなる拡大……とヨーロッパの復権に向けて着々と布石を打ちつづけている。

　近代国民国家は金融制度の構築、交通通信体系の整備、国民教育など経済成長のための基盤整備の機能を果たしてきたが、グローバル経済の時代にあって、経済成長の基盤整備のある種の機能については国家の単位では小さすぎるようになりつつある。そこでヨーロッパではEUという超国家機構をつくり、国民国家の経済的機能の一部を上位のEUに委ねることになった。

(3) 国民生活にセーフティネット（安全網）を張る機能は地方政府、NPO等に下方移譲

　失業対策、生活保護など近代国民国家は「福祉国家」として国民生活のセーフティネットを張る機能もあわせ持っていた。しかし、この機能も2つの理由で中央政府が担うことは困難になってきた。

　1つは経済のグローバル化が進む中で担税力のある企業、富裕層を国内に引き留めるためには法人税、所得税などの直接税を他国より高く放置することはできず——1980年代以降は法人税などの減税競争の時代——、失業対策、生活保護などの税財源が足りなくなってきたこと。

　いま1つは所得水準の高度化等にともない行政ニーズが高度化、多様化、個別化してきたが、高度化、多様化、個別化してきた住民ニーズに対応する

には中央集権システムは有効ではなく、地方分権システムが有効であること。

こうして、国民生活のセーフティネットを張る機能も国家（中央政府）から地方政府へ、さらにNPO、コミュニティ等に下方移譲されることになった。

(4) 「EU地方自治憲章」と「補完性原理」
——福祉はディストリクト(市)で、雇用、地域経済はリージョン(州)で——

ヨーロッパでいえば、1985年のEU地方自治憲章とその中で謳われている「補完性原理」（Principle of Subsidiarity）がこの考え方を明確に示している。

EU地方自治憲章はその後、国連で検討、条文化された世界地方自治憲章草案により詳細化され、盛り込まれている。

保健・福祉等は1人ひとりの身体の状況、家族の状況、病院までの距離等を考慮しながら、きめ細かなサービス提供が求められることから「市民の顔の見える政府」としての基礎的自治体（ディストリクト＝市）で担当すべきだろう。

雇用・失業対策、地域経済振興等も1人ひとりの能力、希望等を的確に把握し、他方で地域の産業界のニーズとのマッチングが必要なことから、中央政府ではなく、広域自治体であるリージョン（州）で担当することが望ましい。

河川、湖沼などの流域管理、圏域の国土保全・管理もこの単位で担当すべきだろう。

(5) ヨーロッパで、北米で、アジアで進行中のグローバル化にともなう政府機能の再編成

ヨーロッパだけではなく、アメリカでも、アジアでもこうした形での「近代国民国家の経済成長機能等の上方移譲」——EU、NAFTA、ASEA

Ｎプラス中国のＦＴＡ締結への動き等——と「国民生活にセーフティネットを張る機能の地方政府、ＮＰＯ等への下方移譲」——保健・福祉等は市、ＮＰＯへ、雇用・失業対策、地域経済、流域管理等は州へ——という改革が進められつつある。

遅ればせながらも、日本においても「経済のグローバル化」に対応して「近代国家の再編成」に取り組まなければならないと考える。

(1)１つは、アジアＮＩＥＳ、ＡＳＥＡＮ、そして中長期的には中国、インド等とのＦＴＡ（自由貿易協定）、ＥＰＡ（経済連携協定）の締結拡大であり、(2)いま１つは地方分権改革とその受け皿としての市町村合併、都道府県の再編＝道州制の導入であり、(3)さらには日々の生活を安全快適に過ごすための社会資本としての地方政府、ＮＰＯの充実強化、コミュニティの再構築が求められているといってよいだろう。

4　道州内分権の仕組み——「顔の見える道州制」の提言——

仮に、日本の国土がいくつかの道州に再編成されたとして、道州内部のシステムはどのようなものとなるべきなのだろうか。

市町村合併に際して都市内分権の必要性が説かれ、地域審議会、地域自治区が制度化されたように、都道府県の再編、道州制の実現にあたっても道州内分権を実現していくことが必要だろう。

「経済的な規模の効率性」だけを追求するのではなく、「政治的な民主主義の要請」にも十二分に配慮したものとして21世紀の地方自治の仕組みは制度設計されるべきだと考える。そこで本書においては道州制の導入を主張しつつも、住民の声がいま以上に反映しやすい21世紀型の広域自治体として「顔の見える道州制」を提案することとしたい。

「顔の見える道州制」とは、主権者である住民の声が現在の都道府県制度以上に反映され、住民の地方政府に対する信頼感がこれまで以上に高まる仕組みを持った道州制のシステムを意味する。道州制は、府県制に比べて区域が広がり、住民との距離が遠くなるというイメージがあるが、道州内分権の

徹底、道州本庁・地方庁を通じてのガバナンスの強化により、現在の府県制よりも地域の実情に詳しいところ、住民に身近なところで、住民の声がより反映される形で政治・行政が展開されることとなり、むしろ住民自治の拡大につながりうると考える。

そのための具体的仕組みとして、(1) 1つは地域住民の声を十二分に反映できる道州の出先機関の制度化が考えられる。(2)いま1つは、道州本庁、出先機関を通じてのガバナンスの充実強化が掲げられる。

まず、民主的コントロールが強化された道州の出先機関の制度化について検討を加える。道州本庁は中央政府から移管された事務を中心に道州全体に関わる事務を担当し、現在の府県が担当している事務を中心に地域性の高い事務は、旧の国等を単位とする道州の地方機関(たとえばアメリカの州の地方機関としてのカウンティのようなもの)が当該地域の政策立案を含めて担当し、その単位での選挙による公務員の配置を含めたガバナンスの仕組み(地域議会等)も検討されるべきだろう。

中央政府と道州政府、道州の出先機関である地方庁、そして市町村の仕事の役割分担のイメージの1つとして筆者が座長をつとめた愛知県の「分権時代における県の在り方検討委員会」の考え方を示すと**図表1**のようになる。

しかし、第2章で検討したように、人口大国、空間大国、経済大国という日本の国際社会の中で占める位置を考えれば、EUの機能を中央政府が担当し、EU各国の機能を道州政府が担当するというドラスティックな案も考えられない訳ではない。

そうした視点からは、中央政府は国防、外交、通貨など中央政府でなければなしえない役割を重点的に担うこととし、内政マターは原則として道州政府以下の地方政府で担当するという考え方が出てくることとなる。

具体的には、道路の整備・維持管理は現在の国道を道州本庁で担当し、県道は道州の出先機関である地方庁で担当し、市町村道はこれまでどおり市町村で担当するということになる。

治山治水など国土管理も、たとえば国が管理していた1級河川は道州本庁

図表1　地方庁における民主的コントロール・システム比較表

	主な権限	特　徴
議会型	・道州条例（法）で委任を受けた範囲における条例制定権 ・地方庁に配分された予算の議決権 ・調査権	・区域内の有権者による直接選挙により選出（道州議員の選挙と同時に実施） ・無報酬で夜間・休日開催を原則とする（地方自治体ではない、道州議員と比べ権限が制約される、兼業が可能となり実質的に候補者の範囲が広がる等）
地域審議会型	・道州条例で定める事項に対する同意（又は意見）権限 ・地方庁の事務に対する意見の申出権限 ・住民の意見・要望の受付権限	・審議会委員の選任は、 ○道州知事が選任する方法（道州議会の同意を得る場合と得ない場合が考えられる） ○地方庁の長が選任する方法（同じく道州議会の同意を得る場合と得ない場合が考えられる） ・区域選出の道州議会議員が、審議会の委員長を務める方法も考えられる。 ・報酬の有無については、権限等とも併せて要検討。

出典：「分権時代における県の在り方検討委員会報告書」平成16年11月

で担当し、県が管理していた2級河川は地方庁で担当することとなる。

　産業分野では、グローバルな競争への参入を目指すような産業については道州本庁で担当し、地場産業・地域産業については地方庁で、商店街整備等については市町村で担当すべきだろう。

　雇用分野では、高度な職業訓練等は道州本庁で、地場産業・地域産業等の職業訓練は地方庁で、職業紹介等は地方庁と市町村で担当すべきだろう。

　教育・文化分野でいえば、国立大学・国立博物館等の国立施設は道州本庁が担当し、県立大学・県立美術館等の県立施設は地方庁が担当し、市町村立の小学校・中学校、市町村立文化会館等はこれまでどおり市町村で担当することとなる。

　福祉分野では、年金・医療・介護等の基本的枠組みは原則として道州政府が担当し、具体的な対人サービス業務等を基礎的自治体である市町村が担当するというイメージとなる。

　こうした「限りなく連邦制に近い道州制」を実現することにより、たとえ

ば北海道は高福祉高負担型の北欧型、中部は中福祉中負担のヨーロッパ型、九州は低負担のアメリカ型…というように、国民が自分のライフスタイル、価値観に合った多様な政府を選択できる国土が構築できることになる。

　北欧のような人口規模数百万人の国だからこそ、透明性・応答性の高い、国民の信頼感の厚い高福祉高負担国家を形成できるのだと考える。逆にいえば、人口1億人を超える人口大国の日本ではどうしても、中央政府は国民から見れば、距離の遠い、顔の見えにくい政府になりがちなのだと思う。

　日本の政治・行政を21世紀型の透明性・応答性の高い、国民・住民の信頼感の厚いものに転換していくための方策として日本をいくつかの道州政府に分割し（分節型国家の構築）、政府と国民・住民の距離を近づけることが21世紀の日本にとっての重要課題だと考える。

　ちなみに、スウェーデン、デンマーク、フィンランドなど人口規模数百万人の北欧諸国が国民負担率7割前後の高福祉高負担国家であるのに対して、ＯＥＣＤ諸国（先進国）の中で人口1億人を超える2つの国、アメリカと日本が国民負担率4割前後と先進国の中ではもっとも国民負担率が低い国のグループに属している。人口規模数千万人のドイツ、イギリス、フランスなどは国民負担率5～6割の中位水準にあることを考えると、先進国では人口規模と国民負担率は負の相関関係にあるといえるのもしれない。仮にそうであったとして、その理由の1つはここで検討した人口規模等と政府の透明性・応答性、政府への信頼性の程度等の要因が大きいものと推測される。

　道州の出先機関としての地方庁を設置するエリアは、愛知・岐阜を例にとれば「尾張」「三河」「美濃」「飛騨」といった旧の国のエリアが妥当だと考える。

　旧の国は歴史、文化や人々の意識をはじめ、生活、行動、情報など多くの点で現在でも一体性が高い地域が多く、雇用問題や流域の国土保全など地域課題の範囲とも共通性が高い地域であり、関東以西のエリアでは道州の出先機関の範囲として有力な候補たりうると考えられる。旧の国が現在の都道府県域につながり、住民の意識——お国意識——にも影響を与えていることに

ついては第4章2ですでに見たところである。

　ガバナンス（共治）の充実という観点からは道州の出先機関（地域機関）である地方庁も単なる実施機関という位置づけではなく、当該地域の将来像の企画立案など決定権限を含めた思い切った道州内分権を行うことが望ましい。

　その意味では現在の都道府県のエリアより身近なところで地域づくりが可能になる「顔の見える道州制」が21世紀の道州制の目指すべきイメージといってよいだろう[3]。

　中部州を例にとれば、「飛騨」「美濃」「尾張」「三河」「伊勢」「志摩」「若狭」「越前」「加賀」「能登」「越中」などの単位で地域機関である地方庁を設置することが考えられる。道州の地域機関である地方庁に決定権限を含めた思い切った分権を行う場合、住民による民主的コントロールをどう確保するかが大きな課題となる。

　単なる道州の実施機関ではなく、担当地域の諸事業の企画立案、さらには決定機関としての役割を広く担うためには、新たに民主的コントロールのシステムを設けることが必要となる。その方法としては欧米の事例、市町村合併の都市内分権の仕組み等を参考にすれば、地域議会とか地域審議会等が有力な候補となるだろう。

　地域議会、地域審議会の権限、特徴等の案としては**図表1**のようなものが適当だと考える。地域議会等を設置する場合でも、地区議員は原則として非常勤のボランティアとすべきだろう。金銭を支払うことがあるとしても、交通費等の実費の範囲にとどめることが妥当だろう。また、地方庁の長は、道州知事が議会の同意を得て任命する特別職とすべきだろう。

　道州本庁と地方庁、市町村の関係を政策の決定と実施に分けて考えるとともに、実施についてはエージェンシー（独立行政法人）や民間企業、ＮＰＯへの委託も想定した上で「顔の見える道州制」のイメージを図示すると**図表2**のようになる。

　市町村合併が当初、順調に進まなかった要因の1つに、都市内分権の仕組

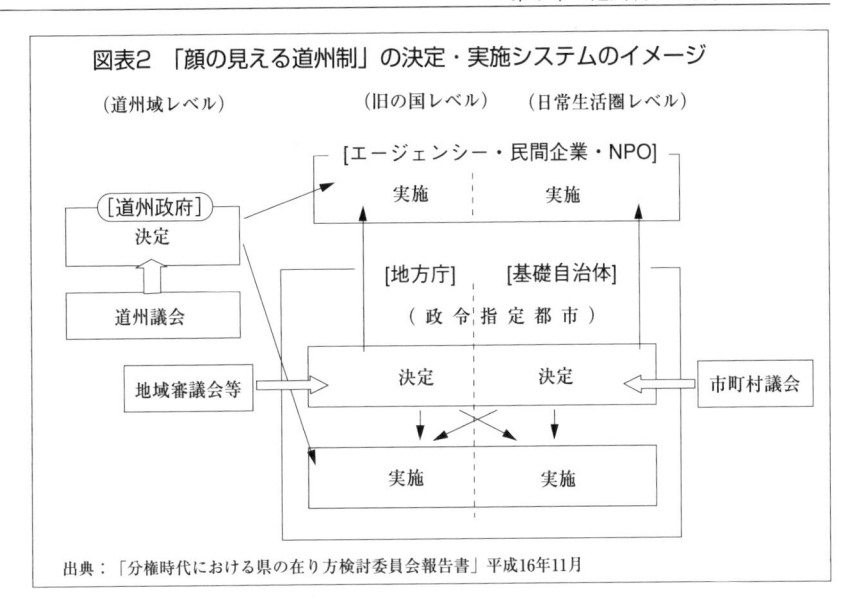

図表2 「顔の見える道州制」の決定・実施システムのイメージ

(道州域レベル)　　　(旧の国レベル)　　(日常生活圏レベル)

[道州政府] 決定 ― 道州議会
[エージェンシー・民間企業・NPO] 実施／実施
[地方庁]／[基礎自治体]（政令指定都市）決定／決定
地域審議会等 → 決定
市町村議会 → 決定
実施／実施

出典：「分権時代における県の在り方検討委員会報告書」平成16年11月

みが制度化されていなかったことがあることを考慮すれば、道州制の導入をスムーズに行うためには、道州内分権の仕組みを当初から準備することが肝要と考える。

　2番目の課題である道州本庁、地方庁を通じたガバナンス（共治）の充実強化については、次のように考える。

　20世紀末以降、先進自治体が先導する形で情報公開条例が日本各地で制定、施行され、それを後追いする形で国の情報公開法が制定され[4]、情報公開が中央・地方政府を通じての標準装備システムとなるに至った。

　また、日米構造協議が進展する中で日本へのアメリカ資本等の進出の障壁として日本の透明度の低い行政指導等が問題とされ、その対策の一環として行政手続法が制定され、それと歩調を合わせて全国の自治体で行政手続条例が制定、施行されている。

　インターネットの急速な普及等にともない、個人情報保護の重要性が広く認識されるようになり、個人情報保護法、個人情報保護条例が中央・地方の政府によって制定、施行されている。

さらに、戦後半世紀以上を経て民主主義の成熟化とともに、公募委員、地区別懇談会などの住民参画、住民投票、リコール、議会の解散請求、監査請求、住民訴訟など主権者としての住民の意識の高まりがかつてないほど見られるようになったといってよいだろう。

こうした住民意識の高まりに合わせる形で、住民投票、政策評価、パブリックコメントの制度化、パブリック・インボルブメントの手法の導入など住民の声を地方政府に反映させる仕組みの開発が先進自治体が先導する形で展開され、やがて中央政府の政策として採用されたものも少なくない。

20世紀末以降の情報公開、行政手続、住民参画などの制度化はそれまでのドイツを中心としたヨーロッパ大陸法系、実体法中心の色彩の強かった日本の行政に、英米法系の due process（適正手続）の考え方、手続法的思想を加味したものとして高く評価することができよう。

政府の行政活動は、(1)内容的に正しいだけでは足りず、(2)手続的にも適正なプロセスを経ていることが求められるようになった訳である[5]。ただ、大陸法と英米法の調和、融合をどのように図っていくかは学問上も、実務上もこれからの重要課題といえる[6]。

民主主義の成熟化にともない、住民はかつての「おまかせ民主主義」では満足できなくなっている。住民自ら能動的に情報を収集し、政府の政策形成に参画し、政策の実施の一翼を担い、政策の評価を通じて政府の行動をチェックする、そうした住民・国民が全国各地に登場しはじめている。

こうした機運を促進する方向で中央・地方の政府はその制度を設計し、運営していくことが求められている。

道州政府についていえば、道州本庁・地方庁、双方において住民の声を聴き、政策立案に住民の参画する機会を保障し（公聴会、公募委員、パブリックコメント等）、問題によっては住民投票をも活用する姿勢が求められているといってよいだろう。ＩＴ技術を活用したユビキタス社会の到来は住民参画の度合いを現在よりかなりグレードアップした形で実現することが可能となるだろう。

その前提として、これまで以上に住民への情報提供、情報公開等を徹底し、住民とともに、地域のありよう、道州のあるべき姿を考える「顔の見える道州制」を構築していくことが求められている。

　こうしたことが実現できたとすれば、現在の国－都道府県－市町村の体制より、はるかに住民・国民に対する透明性・応答性の高い「住民・国民に顔の見える政府体系」を構築することが可能となるように思われる。

　現在の国、特に地方整備局、農政局などの国の出先機関（地方支分部局）は透明性・応答性、民主的コントロールの観点から考えると、とても国民の満足を得られる水準にはない。地方支分部局の民主的コントロールの手段としては、公的には東京永田町の国会によるコントロールがほとんど唯一のものといってよい状況ではとてもdue process（適正手続）が強く求められる21世紀型の行政としては落第点ということになるだろう。

　しかも、地方支分部局が実施する施策・事業については、地域に比較的身近なものや、ダム開発など地域への影響が非常に大きいものが多いにもかかわらず、関係する地域住民のガバナンスがほとんど及んでいないという状況は抜本的にシステムの見直しが求められているといってよいだろう。

　その意味で「顔の見える道州制」の実現は、中央・地方両政府の透明性・応答性を高めることによって国民、住民の政府への信頼感を取り戻す格好の契機となる可能性を持つものといえるだろう。

　こうした透明性・応答性の高い政府をつくってはじめて、「政府と住民との協働」が本格的なものとなっていくのだと考える。

　人口が減少する中で少子高齢化が急速に進む21世紀の日本では、これまでのように、まちづくりも福祉も教育も「政府におまかせ」のおまかせ型行政は望ましくもなければ、持続可能でもなくなった。

　住民のボランティア活動やＮＰＯ・企業の活動を引き出し、中央・地方の政府と協働のまちづくりを進めていく上でも、政府の透明性・応答性の向上は不可欠と考えるが、「顔の見える道州制」の実現はその大きな契機となりうる可能性を持っているといえよう。これとの関連で、道州本庁や道州の出

先機関である地方庁のマンパワーのかなりの部分は無償、有償のボランティア、パート職員、派遣職員などで構成することによって、行政改革の要請にも応えうるものにすべきだろう。たとえば地方庁に地域議会を置くとして、地域議会の議員は欧米の地方議会でよく見られるようなボランティアの議員を原則とすべきだろう。何らかの金銭給付があるとしても実費弁償的なもの、議長など常勤的職務の報酬などに限定されるべきだと考える。

憲法改正論議がさかんとなりつつあるが、現行憲法第8章地方自治の章も、道州制を導入するのであれば、道州制の基本的枠組み等については憲法で規定することが必要だろう。その中にはここで提言している道州内分権の仕組みなども盛り込まれることが望ましいと考える。

5　道州制の効果

いつの日か、道州制が導入されたとして、道州制にはどのような効果が期待できるのだろうか。これまで述べてきたことと重複する部分もあるが、効果という側面から再整理しておこう。

第1に、国民、企業、NPO等の活躍の舞台が広がることが期待できる。北海道、中部、九州等から直接（中央政府の所在地である東京の了解をいちいちもらわなくとも）世界にアクセスできるようになることの効果は大きなものがあるだろう。

日本各地の道州でベンチャービジネス等が世界をマーケットに活躍することが期待される。中央政府との連絡調整、許認可等で東京に本社・支社を置いている企業等の各ブロック、道州への分散等も進む可能性が高い。

グローバル化の進む世界の中で東京を経由せず、世界と交流できる環境をつくることは政治・行政のもっとも重要な課題の1つだろう。そしてそのことが日本の国際競争力の強化、NPO、まちづくり活動の活発化につながることが期待される。

第2に、自己決定、自己責任の単位としての道州の実現により、自立、自律の精神の高まりが期待できる。

47都道府県が7〜10の道州に再編されることになると、財政力のある都市圏の府県と財政力の弱い日本海側、南九州、南四国などの府県が1つの道州に包含されることとなり、地方交付税、補助金など自治体間の財政力格差を縮小するために中央政府が介在する余地が大幅に縮小される。そのことが道州の自立性を大きく高めることにつながる。

　いま1点、区域の広がりともあいまって地域整備への自律度、責任感の高まりも期待できる。

　たとえば、本州と四国の間に3本の橋がかかり、赤字でその運営に苦労しているが、47都道府県体制で県が陳情し、基本的に国の財源で橋をかけるという仕組みであったことが3本の橋をかけることになったという側面があるだろう。

　もし、中国・四国州という州政府が存在していたとして、原則として自己財源で橋をかけるとしていたら、3本の橋をかけるという選択はしなかったと思う。

　日本各地の道州が相互に自立し、世界を舞台に競い合うとき、日本は活力のある国土を構築していくことができるのだと思う。

　地域のことは地域で決める、税財源も原則として地域の中でまかなうという道州制が実現できれば、精神的にも、経済的にも政治的にも日本の自律度、日本のガバナンス・民主主義はより1段高いものへ移行できるのではないか。

　第3に、「環境の世紀」と呼ばれることもある21世紀において、山、川、海の流域圏をガバナンス（共治）をともないながら、一体管理できることのメリットも大きなものがあろう。産業廃棄物処理について北東北3県や、九州・山口の各県で共同歩調をとる試みは環境行政における道州制の先駆けととらえることができるかもしれない。

　「道州制の実現によって再び美しい日本の大自然が戻ってくることを告げる第1歩になる」ことが期待される[7]。

　第4に、行政改革上の効果がある。

市町村合併が「市町村にとって究極の行政改革」と呼ばれることがあるが、道州制は「都道府県と国にとって究極の行政改革」となる可能性が高い。

都道府県知事、議員、職員の数を大きく減らすことができるだろうし、国の出先機関と府県の行政を一本化することにより、国の出先機関の職員、中央省庁の職員も大きく減らすことができる。

道州制が実現できれば地方整備局など国の出先機関の機能も道州に吸収することが地方制度調査会等の提言で打ち出されている。出先機関だけではなく、国土交通省本体の必要性すら議論の対象になるだろう。国は国防、外交、通貨など国でなければ担当できない仕事に専念するという形での制度設計が望まれる。

なお、旧国の単位等をエリアとして設置する道州の出先機関（顔の見える道州制）に公選の議会等を置くとしても、基本的には名誉職、非常勤のものとすべきであろう。報酬とか生活給等が支給されるのは公選の機関の長など常勤職の限定的なものに限られるべきだろう。

いま1点、エリアの広がりが都道府県間の2重行政、国と府県間の2重行政の解消につながることが期待される。

たとえば、九州は7県各県がそれぞれの空港を持っているが、本当にあれだけの空港が必要なのだろうか。たとえば佐賀空港はつくってはみたものの、予定していたほど飛行機が飛ばず、赤字経営で苦しんでいる。もし佐賀県という自治体がなく、九州府という州政府だったとして福岡空港、長崎空港の間に佐賀空港をつくっただろうか。

47都道府県体制から道州制に移行することは47県体制での国・府県間の重複投資、府県間の重複投資をスリム化、重点投資（選択と集中）に変えていく大きな可能性を持っている。

第5に、道州制の実現は日本の国土構造を「分節化」することによって日本国土の危機管理に資することになる。

道州制が実現し、分権型国土が実現すれば、東京をはじめ日本全国どの都

市、地域が不幸にして地震、テロ等の被害にあったとしても、日本全体の安全度はそうでない場合に比べ、格段に高いものになることが期待される。

　道州制が実現し、それぞれの道州の自立度が高まり、日本が分節型国家になることは日本全体の安全度、サステイナビリティー（持続可能性）を高めることにつながるだろう。

　さらに、北海道は北方方面との、九州はアジア方面との交流を独自に展開するなど、道州外交によって日本外交の多様な展開が可能となり、日本外交のリスク分散にも資する可能性が高いといえよう。

　第6に、道州制の実現は「多様な魅力ある地域づくり」の契機となりうる。

　ヨーロッパが魅力的なのはフランス、ドイツ、イタリア、イギリス、スペイン…、あるいは、アルザス・ロレーヌ、バイエルン、トスカーナ、スコットランド、イングランド、カタロニア…とそれぞれの国、リージョン（州）がそれぞれの歴史・文化、個性を大切にしながら、相互に競い合い、魅力を高めあっているからだ。

　アメリカにしても東海岸と西海岸、中西部、南部あるいはマサチューセッツ州とカリフォルニア州、テキサス州ではまったく異なる性格を持っている。

　日本でも道州制の実現により、北海道も九州も中部も、それぞれが銀座、東京を目指すのではなく、それぞれの地域の歴史、文化、個性を生かした地域づくりを進めたとき、日本は多様な魅力を複合的に持つ国となり、そのことが結果的に日本の安全保障を高めることにもつながることが期待される。

　道州制の必要性と効果について多様な観点から分析しているところに本書の1つの特色があるといってよいだろう。地方自治の意義や憲法解釈等に比べると道州制の問題は新しいテーマであることから、道州制の必要性や効果について網羅的に検討している先行研究は乏しい状況にある。2006年2月28日に第28次地方制度調査会の道州制等に関する最終答申が出されたことを契機に、道州制に関する研究、議論の活発化が期待されるところである。本書

がその役割の一部を担うことができれば幸いだ。

・・

　＜注＞
　1）田村秀『道州制・連邦制：これまでの議論・これからの展望』133頁（ぎょうせい、2004）
　2）田村（2004）134頁
　3）道州内分権の仕組みは筆者が座長をつとめた「分権時代における県の在り方検討委員会」報告書で提言がなされている。
　4）第1章4で述べた「政策の実験室」としての地方自治の機能の1例を情報公開の分野でも見てとることができる。
　5）櫻井敬子・橋本博之『現代行政法』26頁（有斐閣、2004）
　6）高木光は次のように書いている。「日本の行政法には、大陸法的な考え方と英米法的な考え方が混在するようになっており、ある意味で異質なものにどう折り合いをつけるかという問題が随所に生じます。」高木光『プレップ行政法』133頁（弘文堂、2005）
　7）甲斐一政元愛知県副知事（中日新聞・平成16年2月29日付け朝刊）

終章

1 本書のまとめと今後の課題

　第1章から第3章では地方自治が求められる理由を、(1)民主主義、自由主義などとの関連における「普遍的な理由」、(2)「日本独自」の理由、(3)20世紀末以降の欧米、日本、アジア等に共通する理由の3層に分けて分析した。

　この点に本書の特色の1つがあるとともに、この3種類の理由を意識して21世紀の自治制度を設計していくことが必要であることを本書では主張している。

　地方自治が求められる一般的な説明である民主主義との関係など(1)「普遍的な理由」だけでは20世紀末以降、欧米、日本、アジア等で同時的に分権改革が進行している理由を説得力を持って説明できないし、日本における分権改革、市町村合併、道州制等の意味、求められるタイムスケジュールなども明らかとはならない。

　これらの問いに答えるためには(2)、(3)の地方自治が求められる理由を理解し、その対策を立てることが必要となる。

　(3)「グローバル化と分権改革」に関していえば、グローバル化の進展に対してヨーロッパは「EU統合の深化・拡大」と「EU地方自治憲章の採択」という形で近代国民国家の再編成にいち早く取り組んでいるし、アメリカはNAFTA（北米自由貿易協定）の締結とAFTA（中南米を含めた全米自由貿易協定）への拡大構想を持つ一方で、新連邦主義などの分権改革に取り組んでいる。近代国民国家の再編成という点では日本はヨーロッパ、アメリカに比して立ち後れており、その意味でも自由貿易協定の締結に向けての努力とあわせて分権改革、特にグローバルな競争にふさわしい単位としての道州制の実現が期待される。

その際、(2)「日本独自の理由」、すなわち、日本が先進国の中では有数の人口大国、空間大国であり、さらに20世紀末以降は経済大国であることを踏まえれば、日本の道州には世界各国の中央政府に匹敵するような自由度を与える地方分権改革が望まれることとなる。さらに日本が21世紀、急速に人口減少、少子高齢社会に入っていくことを考えると日本の改革に残された時間はそれほどないことも明らかとなる。

このように、地方自治の制度設計を行うにあたって3種類の地方自治が必要な理由を認識することは必要不可欠といえる。

第1章4では、日本の国と地方の統治構造の違い（国は議院内閣制、地方は大統領制）が、日本において「政策の実験室」としての地方自治の機能が他国以上に大きな意義を持つことを明らかにしていたが、これも本書の特色の1つといえる。

第4章では現在日本の地方自治の座標軸を各国比較、日本の歴史比較の中で明らかにした。日本の地方自治制度は、明治以降プロイセンを中心にヨーロッパ大陸法系の制度、思想の下で地方制度が設計され（地方自治法の基本はヨーロッパ大陸法系）、戦後になって公選知事、リコールなど直接民主主義的システムの導入などアメリカを中心とする英米法系の制度、思想が接ぎ木されたことを示しているのが本書の特色の1つといえる。

第5章では「日本国憲法と地方自治」について分析した。

憲法学界の学説を紹介するとともに、行政学、政治学、行政法等の世界で有力となってきている「政府間関係説」を紹介した。

地方自治のような総合的、包括的な研究対象の分野においては他の研究領域以上に学際的な研究アプローチが求められることを明らかにしているのも本書の特色の1つといえる。

第6章では市町村合併が求められる背景を紹介した上で、合併推進論、合併反対論の論拠を示した。本書では、「経済的な効率性」と「草の根民主主義」の双方の要請を満たしうる解決策として「都市内（地域内）分権をセットにした合併」方式を提案している。

終　章

　第7章では市町村合併に次ぐ自治体再編の課題として道州制の問題をとりあげ、経済のグローバル化との関係、市町村合併の進展との関係等から道州制の導入が必要であることを明らかにした。

　ただその際、規模の拡大、経済的な効率性だけを目指すのではなく、地方自治の存在根拠である民主主義への要請を実現するための工夫として「顔の見える道州制」を提言しているところに本書の特色の1つがある。関東以西のエリアにおいては道州内分権の単位として旧国の単位に着目し、その単位で公選の職員等を持つアメリカの州の出先機関であるカウンティなどを参考にした道州の出先機関（民主的コントロールの及ぶ出先機関）を設置すべきであると考える。

　市町村合併は都市内分権の仕組みを持たずにスタートしたことが、当初合併がスムーズに進まなかった一因と考えられることから、道州制については、当初から道州内分権の仕組みをセットすることが道州制への移行をスムーズに進めるために重要であることをあわせて提言している。

　さらに「顔の見える道州制」という due process（適正手続）を充実強化するシステムは、中央・地方政府の透明性、住民・国民への応答性を高める契機となりうること、その意味で日本の国・地方を通ずる政治・行政の抜本的再構築につながる可能性を持っていることを明らかにしている。

　異常ともいえる政府債務の問題を解決するためには、消費税の2桁化など増税は不可避だが、その前提として中央・地方政府の信頼感を取り戻すことがまずもって必要だと考える。そのためにも「顔の見える道州制」のような透明性・応答性の高い政府づくりが不可欠といえよう。

　以上の記述を通して、本書の冒頭に掲げた問いに基本的には答えられたと考える。

　すなわち、(1)なぜ中央政府とは別に地方政府が必要とされるのか、その意義を確認する、との問いに対しては、「民主主義との関係」「自由主義との関係」「政策の実験室としての地方自治の役割」など地方自治の普遍的な存在価値を明らかにすることによって地方自治の普遍的な必要性を明らかにし

た。

　次に、(2)地方分権改革が20世紀末から21世紀にかけて行われているのはなぜなのか、さらに、(3)分権改革が日本だけではなく、欧米でもアジア等でも同時並行的に進められているのはなぜなのかという問いに対しては、20世紀末以降のグローバル化の展開が近代国民国家の再編成を各国に迫っており、そのコロラリー（系）として地方分権改革が各国で行われていることを明らかにした。

　さらに、(4)歴史を通じて人口大国、空間大国である日本の地方制度の歴史を確認することにより、日本にとっては地方分権とは何も目新しい現象ではなく、むしろ日本の長い歴史をふり返れば、「日本の本来の国の形」であることを明らかにした。この点も本書の特色の1つといえる。

　その上で、(5)役割、責任の重くなった自治体がその責務を果たすために求められていることは何なのか、については自治の器の問題としての市町村合併の問題、道州制の問題をとりあげ、「都市内分権と市町村合併」、さらには「道州内分権と道州制」をセットとして取り組むべきことを提言した。

　「経済的効率性の要請」と「民主主義の要請」の双方の要請を満たしうるシステムとして都市内分権、道州内分権（顔の見える道州制）を提唱しているところに本書の特色の1つがある。

　今後の課題としては、21世紀の地方自治の制度設計についてその詳細を検討していくことがあげられる。道州制についてその必要性、「顔の見える道州制」等については提言しているが、道州の地域区分、道州の統治機構等につては明らかにしていない。現行の都道府県と同じように大統領制（首長制）でよいのか、権力の大きな道州については、ドイツ、カナダの州のように議院内閣制にすべきなのか。

　道州制を導入するとしてその時期をいつにすべきなのか。（団塊の世代が65歳以上になる2015年、後期高齢者になる2025年というのが1つの節目になる可能性が高いように思う。）移行は全国一斉に行うべきか、市町村合併のように地域の自主的判断で徐々に移行していくべきか。

道州間の財政調整はどのような方式で行うべきか、道州と市町村の関係をどのように設定すべきか。現行の地方交付税制度は都道府県間の財政調整だけではなく、市町村間の財政調整まで中央政府で行っているが、道州内の市町村間財政調整は道州の権限とすべきかどうか。

もう1つの課題としては、近代国民国家の再編成の過程をより詳細に、調査していくことが残された課題といえる。

特に、国家の持っていた機能が下方移譲される際、地方政府に移譲されるものとNPO、企業など民間部門に移譲されるものの2種類の関係を分析し、21世紀の改革の中でどのようにこの問題に対処すべきかを研究していきたい。

3点目は、責任の大きくなった自治体の内部の組織、経営のあり方の研究である。本書では市町村合併、道州制という自治体の器については検討したものの、権限の大きくなった自治体内部の問題についてはほとんど触れていない。

議会のあり方、住民参画のあり方、透明性の高い自治体運営のあり方、行政改革の進め方、政策評価のあり方など自治体内部の問題について今後、本格的に研究していきたい。

2　謝辞

地方自治の意義と制度設計について現状分析、提言を述べてきた。

日本の地方自治の歩みと問題点については学生時代から関心を持ち、自治省時代は中央政府、地方政府双方の立場から地方自治の充実強化に向けて実務家として努力してきた。

大学で地方自治を研究するようになってからは学者としての立場で、地方自治の実態、あるべき姿を模索する傍ら、各種の審議会、委員会の委員等として地方自治の充実強化に向けて努力してきた。

この間、ベースとなる情報は日本の地方自治に関する情報と日本のモデルとなった欧米の地方自治に関する情報だった。1980年代にアジアが近代化に

成功し、地方分権改革がアジアでも進展するようになるとアジアの地方自治の情報も徐々に入ってくるようになった。

自治省の職員としての出張先も欧米だけでなく、韓国、シンガポール、フィリピンなどアジアで会議に出たり、調査することが増えてくるようになった。

大学に移ってからは腰をすえて欧米で、アジアで調査することが可能になった。調査の延長上で学会発表、講演を頼まれることもあった。

しかし、日本の地方自治に関する情報は1970年代までは欧米に関するものがほとんどで、1980年代からアジアに関するものも増えはじめているというのが実情である[1]。

旧ソ連、東欧地域の地方制度やその後の変遷、アフリカ、中南米の地方制度のあり方などは限定的な情報しかないのが実情である。

世界の地方制度、分権改革がどのように推移し、その中で日本はどういう役割を果たすことができるのか。今後は欧米、アジアだけではなく、中南米、アフリカ、旧社会主義国も含めて世界の地方制度、地方自治の歩みを調査、研究し、地方自治に関する知識、経験をよりユニバーサル（普遍的）なものにしていきたいと考える。

そして、それらの知識をベースに置きながら、日本の地方自治のさらなる調査、日本の地方自治の充実強化に向けて自分の力を使っていきたいと考える。

最後に自由な研究環境を提供しつづけてくれている名城大学都市情報学部、都市情報学研究科のスタッフに感謝したい。自治省時代にはとても考えられなかった研究時間、研究のための環境を提供してくれている皆様方の協力なくしてはこの10年の著作、論文、そしてこの拙文もおそらく誕生することはなかったと思う。

本来なら1人ひとりお名前を掲げてお礼申し上げるべきところだろうが、スタッフを代表して木下栄蔵学部長、研究科長にお礼を申し上げたい。木下学部長、研究科長には、これまでの地方自治に関する研究をまとめるよう助

言していただいた。

　このきっかけがなかったら本書は生まれなかっただろうし、自分なりに大学教授としての10年を振り返り、研究者としての今後の10年を展望するという作業も行わなかったかもしれない。

　(1)学生時代、行政法の杉村敏正ゼミで地方自治を勉強しはじめ、(2)自治省時代には地方自治の実務家として20年を過ごし、(3)大学に移ってからは地方自治の研究者として10年間、日本行政学会、日本公法学会、日本政治学会、日本法政学会、自治体学会などで日本、世界の地方自治の現状とあるべき姿を研究してきた。これからの10年は自分の地方自治研究の仕上げの10年としたいと考えている。

　この10年、ありがとうございました。今後ともよろしくお願いします。

・・

　　＜注＞
　1）　天川晃も次のように書いている。「一般に日本の研究者は欧米の動きに対する関心・知識は多いが、専門家を除けば、アジアに対する関心・知識が少ない。しかし、われわれの日常生活においては近隣のアジア諸国との関係が深くなってきており、アジア諸国に対する基本的な知識が必要になってきている。」アジアですらこの程度の関心だからアフリカ、中南米となるとさらにその関心は薄れることになる。天川晃・澤井勝・北村喜宣『地方自治政策1：自治体と政策』218頁（放送大学教育振興会、2005）

参考文献

序　章
芦部信喜『憲法』（岩波書店、第3版、2002）
佐藤幸治『現代法律学講座．5　憲法』（青林書院、第3版、1995）
塩野宏『行政法．3』（有斐閣、第2版、2001）
西尾勝『行政学』（有斐閣、新版、2001）
西尾勝『未完の分権改革：霞が関官僚と格闘した1300日』（岩波書店、1999）
原田尚彦『行政法』（学陽書房、第4次改訂版、2005）
村松岐夫『行政学教科書：現代行政の政治分析』（有斐閣、1999）

第1章
阿部斉・新藤宗幸『概説日本の地方自治』（東京大学出版会、1997）
大森彌・佐藤誠三郎編『日本の地方政府』（東京大学出版会、1986）
河合秀和『トックヴィルを読む』（岩波書店、2001）
新藤宗幸『地方分権』（岩波書店、1998）
高畠通敏『現代における政治と人間：政治学講義』（岩波書店、2005）
昇秀樹『新時代の地方自治』（東京法令出版、2001）
松下圭一『日本の自治・分権』（岩波書店、1996）
村松岐夫編『行政学講義』（青林書院、新版、1985）
村松岐夫『地方自治』（東京大学出版会、1988）
スティーブン・R. リード（森田朗ほか訳）『日本の政府間関係：都道府県の政策決定』（木鐸社、1990）
寄本勝美『自治の形成と市民：ピッツバーグ市政研究』（東京大学出版会、1993）
Jewell, Richard Edward Coxhead, 1975, *Local Government Administrative Practice*, London: C. Knight.
Waldo, Dwight, 1955, *The Study of Public Administration*, New York: Random House.（足立忠夫訳、1966、『行政学入門』勁草書房）

第2章

板倉聖宣『世界の国ぐに：いろいろな世界地図』（仮説社、第4版、2005）
外務省情報文化局編『世界の国一覧表』（世界の動き社、2005）
おもしろ地理学会編『世界で一番おもしろい地図帳』（青春出版社、2005）
神野直彦『人間回復の経済学』（岩波書店、2002）
西尾勝『行政学』（有斐閣、新版、2001）
昇秀樹『地域づくりの国際戦略』（ぎょうせい、1992）
昇秀樹『新時代の地方自治』（東京法令出版、2001）
林健久編『地方財政読本』（東洋経済新報社、第5版、2003）
村松岐夫『行政学教科書：現代行政の政治分析』（有斐閣、1999）
Seoul Association for Public Administration, 2003, *Decentralization and Regional Even Development in the 21st Century*.

第3章

秋月謙吾『行政・地方自治』（東京大学出版会、2001）
阿部斉『日本の地方自治』（放送大学教育振興会、1990）
伊藤元重『グローバル経済の本質：国境を越えるヒト・モノ・カネが経済を変える』（ダイヤモンド社、2003）
小倉和夫『グローバリズムへの叛逆：反米主義と市民運動』（中央公論新社、2004）
黒田東彦『通貨外交：財務官の1300日』（東洋経済新報社、2003）
榊原英資『構造デフレの世紀』（中央公論新社、2003）
榊原英資『経済の世界勢力図』（文藝春秋、2005）
神野直彦『システム改革の政治経済学』（岩波書店、1998）
寺島実郎『歴史を深く吸い込み、未来を想う：一九〇〇年への旅アメリカの世紀、アジアの自尊』（新潮社、2002）
西尾勝・大森彌『自治行政要論』（第一法規出版、1986）
原田尚彦『地方自治の法としくみ』（学陽書房、新版、2003）
村松岐夫編『行政学講義』（青林書院、新版、1985）
吉川元忠・リチャード・A．ヴェルナー『なぜ日本経済は殺されたか』（講談社、2003）

レスター・C. サロー（三上義一訳）『知識資本主義』（ダイヤモンド社、2004）

Soros, George, 1998, *The Crisis of Global Capitalism: Open Society Endangered*, New York: Public Affairs.（大原進訳、1999、『グローバル資本主義の危機：「開かれた社会」を求めて』日本経済新聞社）

Heilbroner, Robert and Lester Thurow, 1994, *Economics Explained: Everything You Need to Know about How the Economy Works and Where It's Going*, New York: Simon & Schuster.（中村達也訳、1984、『経済学』TBSブリタニカ）

Thurow, Lester, 1993, *Head to Head: The Coming Economic Battle among Japan, Europe, and America*, New York: Warner Books.（土屋尚彦訳、1992、『大接戦：日米欧どこが勝つか』講談社）

第4章

池上岳彦『分権化と地方財政』（岩波書店、2004）

伊東弘文『入門地方行政』（ぎょうせい、1992）

上山春平『日本文明史.1 受容と創造の軌跡：日本文明史の構想』（角川書店、1990）

梅棹忠夫『文明の生態史観』（中央公論社、1967）

梅棹忠夫『日本とは何か：近代日本文明の形成と発展』（日本放送出版協会、1986）

遠藤文夫『地方行政論』（良書普及会、1988）

佐々木信夫『視点／論点分権時代を問う』（ぎょうせい、1999）

重森曉『分権社会の政策と財政：地域の世紀へ』（桜井書店、2001）

神野直彦『財政学』（有斐閣、2002）

田中成明『転換期の日本法』（岩波書店、2000）

昇秀樹『分権型国土の構築と自立的自治体の形成』（第一法規出版、1991）

昇秀樹『地方自治入門』（東京法令出版、1993）

三ケ月章『法学入門』（弘文堂、1982）

山下茂・谷聖美『比較地方自治：諸外国の地方自治制度』（第一法規出版、1982）

八幡和郎『遷都：夢から政策課題へ』（中央公論社、1988）

Ashihara, Yoshinobu, 1992, *The Hidden Order: Tokyo through the Twentieth Century*, Tokyo, New York: Kodansha International.（芦原義信、1986、『隠れ

た秩序：二十一世紀の都市に向って』中央公論社)
Sakaiya, Taichi, 1995, *What is Japan?: Contradictions and Transformations*, New York, Tokyo: Kodansha International.（堺屋太一、1994、『日本とは何か』講談社）

第5章

大森彌・佐藤誠三郎編『日本の地方政府』（東京大学出版会、1986）
芦部信喜『憲法』（岩波書店、新版補訂版、1999）
阿部泰隆『政策法務からの提言：やわらか頭の法戦略』（日本評論社、1993）
阿部泰隆『政策法学と自治体条例：やわらか頭で条例を作ろう』（信山社出版、1999）
天野巡一『自治のかたち、法務のすがた：政策法務の構造と考え方』（公人の友社、2004）
小滝敏之『政府間関係論』（第一法規出版、1983）
木佐茂男『自治体法務入門』（ぎょうせい、1998）
佐藤功『憲法』（学陽書房、1979）
佐藤幸治『現代法律学講座．5　憲法』（青林書院、第3版、1995）
佐藤幸治『国家と人間：憲法の基本問題』（放送大学教育振興会、1997）
塩野宏『国と地方公共団体』（有斐閣、1990）
渋谷秀樹・赤坂正浩『統治』（有斐閣、第2版、2004）
島村力『英語で日本国憲法を読む：憲法解釈はここからはじまる！』（グラフ社、2001）
俵静夫『地方自治法』（有斐閣、1965）
中村睦男・佐藤克廣『憲法と地方自治』（北海道町村会、1997）
西尾勝・大森彌『自治行政要論』（第一法規出版、1986）
昇秀樹『新時代の地方自治』（東京法令出版、2001）
室井力・兼子仁『地方自治法』（日本評論社、別冊法学セミナー、1978）
山代義雄『新・地方自治の法制度』（北樹出版、2000）
Dahl, Robert Alan, 1961, *Who Governs?: Democracy and Power in an American City*, New Haven: Yale University Press.（河村望・高橋和宏監訳、1988、『統治するのはだれか：アメリカの一都市における民主主義と権力』行人社）

第6章

池上洋通『市町村合併これだけの疑問：このままで地方自治は守れるのか』（自治体研究社、2001）

大森彌・大和田建太郎『どうする故郷：市町村合併と地域自治充実の関門』（徳島地方自治研究所、2002）

大森彌・大和田建太郎『どう乗り切るか市町村合併：地域自治を充実させるために』（岩波書店、2003）

加茂利男『市町村合併と地方自治の未来：「構造改革」の時代のなかで』（自治体研究社、2001）

川瀬憲子『市町村合併と自治体の財政：住民自治の視点から』（自治体研究社、2001）

木佐茂男監修〔今川晃編〕『自治体の創造と市町村合併：合併論議の流れを変える7つの提言』（第一法規出版、2003）

幸田真音ほか『幸田真音緊急対論日本国債』（角川書店、2002）

小西砂千夫『市町村合併ノススメ』（ぎょうせい、2000）

小西砂千夫『そこが知りたい市町村合併：当事者たちの証言』（日本加除出版、2001）

小西砂千夫『市町村合併をめぐる状況分析』（公人の友社、2002）

小西砂千夫『市町村合併の決断：熱い思いと冷静な判断で地域の未来を決断する』（ぎょうせい、2003）

佐々木信夫『市町村合併』（筑摩書房、2002）

高田創・住友謙一『国債暴落』（中央公論新社、2001）

辻山幸宣『「政策法務」は地方自治の柱づくり：自治基本条例を考える』（公人の友社、2002）

中西啓之『市町村合併：まちの将来は住民がきめる』（自治体研究社、1998）

並河信乃編著『検証行政改革：行革の過去・現在・未来』（イマジン出版、2002）

成田頼明『地方分権への道程』（良書普及会、1997）

昇秀樹『行財政改革と地方分権：政府と市民の新しい関係を求めて』（第一法規出版、1998）

保母武彦『市町村合併と地域のゆくえ』（岩波書店、2002）

丸山康人『自治・分権と市町村合併』（イマジン出版、2001）

森啓『町村合併は住民自治の区域の変更である。』（公人の友社、2001）

吉田和男『日本再生・四つの革命：アメリカに学ぶべきこと、学ぶべきでないこと』（ＰＨＰ研究所、2003）

吉村弘『最適都市規模と市町村合併』（東洋経済新報社、1999）

Byrne, Tony, 1994, *Local Government in Britain: Everyone's Guide to How It All Works*, Harmondsworth, Middlesex: Penguin.

第7章

天川晃「変革の構想―道州制論の文脈」大森彌・佐藤誠三郎編『日本の地方政府』（東京大学出版会、1986）

岩崎美紀子『分権と連邦制』（ぎょうせい、1998）

大前研一『平成維新』（講談社、1989）

小沢一郎『日本改造計画』（講談社、1993）

櫻井敬子・橋本博之『現代行政法』（有斐閣、2004）

田村秀『道州制・連邦制：これまでの議論・これからの展望』（ぎょうせい、2004）

恒松制治『連邦制のすすめ：地方分権から地方主権へ』（学陽書房、1993）

昇秀樹「"近代国家の再編成"と道州制・市町村合併：『経済のグローバル化』と『地方政府の再編成』」地方議会人35巻1号18頁以下（2004）

平松守彦『「日本合衆国」への道：こうしたら「分権」は実現する』（東洋経済新報社、1995）

平松守彦・大前研一・江口克彦『熱論合州国家・日本：21世紀の国のかたち繁栄のかたち』（ＰＨＰ研究所、1998）

古川俊一『連邦制：究極の地方分権』（ぎょうせい、1993）

村田敬次郎『新広域行政論：明日の地方自治へ』（第一法規出版、1965）

終　章

天川晃・澤井勝・北村喜宣『地方自治政策1：自治体と政策』（放送大学教育振興会、2005）

〈全体を通じての参考文献〉

秋月謙吾『行政・地方自治』(東京大学出版会、2001)

芦部信喜『憲法』(岩波書店、第3版、2002)

天川晃・澤井勝・北村喜宣『地方自治政策1:自治体と政策』(放送大学教育振興会、2005)

大森彌・佐藤誠三郎編『日本の地方政府』(東京大学出版会、1986)

内田満『政治をめざす人のための政治学十二章:名句に学ぶデモクラシー』(ブレーン出版、2004)

加藤秀治郎・中村昭雄『スタンダード政治学』(芦書房、増補改訂版、1992)

北山俊哉ほか『はじめて出会う政治学:フリー・ライダーを超えて』(有斐閣、新版、2003)

櫻井敬子・橋本博之『現代行政法』(有斐閣、2004)

佐藤幸治『国家と人間:憲法の基本問題』(放送大学教育振興会、1997)

塩野宏『行政法.1』(有斐閣、1991)

塩野宏『行政法.2』(有斐閣、1991)

塩野宏『行政法.3』(有斐閣、1991)

芝池義一『行政法総論講義』(有斐閣、1992)

西尾勝・大森彌『自治行政要論』(第一法規出版、1986)

西尾勝『行政学』(有斐閣、1993)

昇秀樹『行財政改革と地方分権:政府と市民の新しい関係を求めて』(第一法規出版、1998)

昇秀樹『新時代の地方自治』(東京法令出版、2001)

原田尚彦『地方自治の法としくみ』(学陽書房、全訂2版、1995)

真渕勝『現代行政分析』(放送大学教育振興会、2004)

村松岐夫『行政学講義』(青林書院、新版、1985)

村松岐夫『行政学教科書:現代行政の政治分析』(有斐閣、1999)

森田朗『現代の行政』(放送大学教育振興会、改訂版、2000)

（参考）政治と社会―政治学入門―　　昇（のぼる）秀樹（名城大学）

[1] はじめに―学問とは？―
- 小中高校の勉強と大学の学問の違い
- 小中高校の先生は職員室にいるが、大学の教授等は研究室にいる
- 正解のあることになっている小中高の授業と正解があるかどうかわからない大学の学問。実は正解というのも仮説にすぎない（現時点での多数説）

[2] 学問に取り組む姿勢
- 「社会」から古代に「政府」が、近代に「市場」がスピンアウト
- すべてを「市場」のルールで説明するのは無理：「政府」「社会」のルールは「市場」のそれとは異なる
- 学問という営みは医療などと同様主として「社会」に属する事柄
- 「市場」ではない……学問に「市場」原理（「お客様は神様」等）を単純に適用するのは間違い
    - （注）「政府（Government）」には「中央政府（Central Government）」と「地方政府（Local Government）」の2種類

[3] 「政治学」とは？―「権力」「影響力」という概念―
- 政治を(a)「権力をめぐる抗争」ととらえる立場
        「政治は階級闘争である」……マルクス
    (b) 人々の社会生活に必要なものとして肯定的にとらえる立場（多数説）
        「政治とは社会的価値の権威的配分」……D・イーストン
        cf. 税金を権力、権威によって配分（予算）
- 「市場」は貨幣価値たる「価格」をシグナルに社会的価値を配分する
  それに対して「政府」は社会的価値を権威、あるいは権力で配分する
- 「自発的承認をえた権力は、権威としてうけいれられるようになる」……この状態をM・ウェーバーは「支配」と呼んでいる（『スタンダード政治学　新版』加藤秀治郎・中村昭雄、1999年、芦書房）
        cf. 日本の天皇制は何故、こんなに長くつづいているのか？
            権威は天皇に、権力は権力者に分離
            長持ちしている理由
            権威と権力をもっていると政権が変わると次の権力者に殺される
            日本の天皇は――もともとは権力者、そして権威をもつようになった（飛鳥、奈良時代）
            やがて藤原氏など貴族が、そして、武士が権力をもつようになり、天皇は権威だけ
  ┌(a)権力を否定する立場：無政府主義アナーキズム：トロツキー等
  ├(b)権力を必要悪として肯定する立場（多数説）…[6]へ
  └(c)権力を賛美する立場：ニーチェ等
- 正統な権力をつくることの困難さ（権力をもっている政権を倒すこともむつかしい

が……cf. シリア)
　├─ジャスミン革命（2011年2月）後のチュニジア
　│　治安はわるくなり、失業率もたかまっている
　├─エジプトは？
　│　クーデターで、選挙で選んだモスリム同胞団の大統領を軍が更迭
　│　（理由は経済の不振、失業率の高まり、イスラム的な政治等）
　│　さらにモスリム同胞団の行動制限まで
　├─リビアは？　カダフィー大佐が殺された後内戦状態
　└─シリアは……アサド大統領をたおせず内戦化、化学兵器をつかわれ
　　　英米仏が反政府軍支援の立場で、ロシア・イランがアサド政権支援の立場で介入
　・権力の正当性（マックス・ウェーバーの理念型）
　　　伝統的支配
　　　カリスマ的支配
　　　合法的支配
4 3つの政治体制―権力、主権の所在によって王制、貴族制、民主制―
　王制は独裁に転化し、
　貴族制は寡頭制に転化し、
　民主制は衆愚制に転化する（ギリシャの哲学者のことば）
　cf. 民主制がうまく機能するためには地方自治が必要「地方自治は民主主義の小学校」
　　（ブライス、トクヴィル著）
5 デモクラシーと衆愚政治
　投票率の時系列比較、年齢別投票率
　高齢者対象政策＞若年対象政策（超高齢社会としての21世紀の日本）
　第2次ベビーブーマーの票をねらって：こども手当てを訴えた民主党（2009年総選挙勝利）
　農家の票をねらって：第二種兼業農家をふくめての農家の個別所得保障を掲げた民主党
　高速道路の無償化をマニフェストにかかげた民主党：巨額の赤字国債
　　　　　　　　　　　　　　　⇩
　But 2012.12月の総選挙で自民党が勝利――以降は「自公政権」へ……
6 「権力は必要」しかし、「乱用されるとリバイアサン（怪物）」
　・権力乱用をおさえる仕組み：(1)権力分立、(2)法治主義（法の支配）、(3)近代憲法
　・日本国憲法では
　　(1)地方分権　憲法第8章
　　(2)三権分立　憲法第5、6、7章
7 「日本国憲法」と「政治学」
　(1)憲法とは「権力者に対する命令」99条―法律・条令は国民、住民に対する命令―
　(2)憲法の「人権編」が目的で、「統治機構編」が手段
　(3)憲法第8章の2つの解釈
　　二元信託論・政府間関係説と（憲法）伝来説・制度的保障説

<著者略歴>

昇　秀樹　（のぼる　ひでき）

名城大学都市情報学部教授

1975年京都大学法学部卒。同年自治省入省後、滋賀県、自治省財政局主査、三重県企画課長、同財政課長、自治省税務局府県税課課長補佐、同行政局給与課理事官、㈶日本都市センター主任研究員、自治大学校部長教授等を経て1995年より現職。都市情報学博士。

〔主著〕

『まちづくりと地方自治』（良書普及会、1988年）、『分権型国土の構築と自立的自治体の形成』（第一法規出版、1991年）、『遷都と地方自治』（たいせい、1991年）、『地域づくりの国際戦略』（ぎょうせい、1992年）、『21世紀への地域づくり』（清文社、1993年）、『地方自治入門』（東京法令出版、1995年）、『行財政改革と地方分権』（第一法規出版、1998年）、『新時代の地方自治』（東京法令出版、2001年）など。

サービス・インフォメーション

──通話無料──

①商品に関するご照会・お申込みのご依頼
　　TEL 0120 (203) 694／FAX 0120 (302) 640

②ご住所・ご名義等各種変更のご連絡
　　TEL 0120 (203) 696／FAX 0120 (202) 974

③請求・お支払いに関するご照会・ご要望
　　TEL 0120 (203) 695／FAX 0120 (202) 973

●フリーダイヤル（TEL）の受付時間は、土・日・祝日を除く9：00～17：30です。
●FAXは24時間受け付けておりますので、あわせてご利用ください。

地方自治の軌跡と展望
──「顔の見える道州制」の提言──

2006年4月30日　初版第1刷発行
2023年4月10日　初版第8刷発行

著　者　昇　　秀　樹
発行者　田　中　英　弥
発行所　第一法規株式会社
　　　　〒107-8560 東京都港区南青山2-11-17
　　　　ホームページ　https://www.daiichihoki.co.jp/

地方自治軌跡展望　ISBN978-4-474-01970-6　C3031 (3)